BusinessVillage

Ines Eulzer

Wahre Weiblichkeit

Warum wir Frauen das Potenzial haben, die Welt zu retten

BusinessVillage

Ines Eulzer
Wahre Weiblichkeit
Warum wir Frauen das Potenzial haben, die Welt zu retten
1. Auflage 2021

Bestellnummern
ISBN 978-3-86980-582-5 (Druckausgabe)
ISBN 978-3-86980-583-2 (E-Book, PDF)
ISBN 978-3-86980-584-9 (epub, PDF)

Direktbezug unter www.BusinessVillage.de/bl/1095

Bezugs- und Verlagsanschrift
BusinessVillage GmbH
Reinhäuser Landstraße 22
37083 Göttingen
Telefon: +49 (0)551 2099-100
Fax: +49 (0)551 2099-105
E-Mail: info@businessvillage.de
Web: www.businessvillage.de

Layout und Satz
Sabine Kempke

Autorenfoto
Habib Hakimi, Atelier für Fotografie und Design, Trier

Druck und Bindung
www.booksfactory.de

Inhalt

Warum die Zeit reif ist für dieses Buch

In Coachings und Beratungen beobachte ich seit vielen Jahren ein widersprüchliches Phänomen: Frauen, die sich zurückhalten – manchmal, weil sie nicht genug an sich selbst glauben, manchmal, weil sie müde sind vom ewigen Kämpfen-Müssen, und manchmal, weil sie nicht sicher sind, ob sie all ihre Rollen hinbekommen, wenn sie sich selbst an erste Stelle setzen – und dann, sobald sie sich von alten Glaubenssätzen und Erwartungen anderer befreit haben, sobald sie in ihre volle weibliche Kraft gekommen sind, entfalten sie einen riesigen Wirkungsgrad. Ich sehe die Stärke, die eine Frau ausstrahlt, wenn sie wieder mit ihrer Seele verbunden ist und ihrer Berufung folgt. Ich bin beeindruckt von dem Wandel, den sie mit Leichtigkeit und Freude in ihrem Umfeld erzeugt. Ich staune über die Lebendigkeit und Kraft, mit der sie die Menschen um sich versorgt. Wir Frauen haben riesiges Potenzial. Wir sind es, die die Fähigkeit besitzen, das Neue in die Welt zu bringen. Wir Frauen sind es, die die Welt braucht.

Wir sind die, auf die wir immer gewartet haben.

Mal ehrlich, glaubst du noch daran, dass es die Frauenquote schafft, die Welt sozialer, menschlicher und frauenfreundlicher zu machen? Konsequent eingeführt und freudig gefördert – von Männern, deren größtes Interesse meist darin liegt, ihre eigene Macht und Boni zu erhalten? Und wer genau möchte eigentlich die Quotenfrau sein? Die, die einen Bereich zugeteilt bekommt, in dem sie nicht Expertin ist, damit sie den Männern auf keinen Fall gefährlich werden kann? Die,

die den Stempel hat, allein wegen des Geschlechts und der Vorschrift einbezogen zu werden, nicht wegen ihrer Kompetenz? Richtig, niemand. Die jahrelange Diskussion um die Frauenquote war vor allem eins: ein riesiges Ablenkungsmanöver. Denn sie hat den Eindruck erzeugt, sie sei der alles entscheidende Hebel, um den Wirkungsgrad von Frauen zu erhöhen. Unsinn. Die meisten von uns sind in kleinen und mittelständischen Unternehmen wirksam. Wir sind wirksam in Institutionen und Verbänden, in Parteien und Gemeinschaften, in den Schulen und Vereinen unserer Kinder, in unseren Familien und Partnerschaften, in unserer Nachbarschaft und ja, in unserem Haushalt. Wenn wir all diese Wirkungskreise zusammenrechnen, wird eins ganz klar: Wir alle, Männer und Frauen, haben ein riesengroßes Spielfeld, um die Welt menschlicher zu machen.

Die Frauenquote allein kann uns nicht retten, ebenso wenig wie dieses oder jenes Gesetz, diese oder jene Partei, diese oder jene Kanzlerin, dieser oder jener Kanzler. Nur wir selbst haben die Macht dazu. Wir alle können der Zündstoff sein, der den Wandel auslöst, den die Welt so dringend braucht: raus aus Konkurrenzdenken, Kampf und Ego, rein in ein echtes Miteinander, in Wahrhaftigkeit und ein Gleichgewicht der männlichen und weiblichen Qualitäten. Nur wir können diesen Wandel vorantreiben, jeden Tag – indem wir ihn leben, und zwar genau da, wo wir jetzt gerade wirken.

Die Zustände sind alarmierend, denn der Dominoeffekt, der durch die massive Ausnutzung des Planeten ausgelöst wurde, ist längst angestoßen. Unsere Systeme sind überholt, ökologisch katastrophal oder sozial ungerecht. Sie entsprechen nicht mehr den Bedürfnissen der Gegenwart und schon gar nicht denen der Zukunft. Wir Frauen sind es, die das große Ganze wahrnehmen und in Zusammenhang damit bringen können, wie unsere Systeme transformiert und neu gestaltet werden können. So, dass wir uns nicht selbst zerstören. Sondern so, dass wir zukunftsfähig sind und weitere Generationen auf unserem Planeten leben können.

Die Welt braucht uns Frauen mehr denn je – und zwar jede von uns!

Es ist an der Zeit, dass wir sichtbar werden. Jede in ihrem Umfeld, jede an ihrer Stelle. Wahrhaftig und konsequent. Es ist höchste Zeit, dass wir unsere wahre Aufgabe übernehmen: die der geistigen Führung. Genau dadurch können wir den Wandel bewirken. So lade ich dich ein – auf eine Reise hin zu deiner wahren Größe, hin zu deiner Bestimmung als Frau und dazu, deinen Auftrag für den Wandel zu erfüllen.

Es ist höchste Zeit, dass wir Frauen uns erheben!

Erster Weg:
Entdecke die vergessene Quelle deiner Kraft

Nimm Mr. Ratio die Krone ab

Wir leben in einer intensiven und fordernden Zeit. Alles ist im Umbruch, in Veränderung. Die alte Ordnung zerfällt, es wird explosiver um uns herum: Macht und Ohnmacht, Angst und Liebe, Verzweiflung und Vertrauen – wir stehen im Feuer der Emotionen und Extreme. Es ist ein tägliches Auf und Ab. Doch Neues kann nur entstehen, wenn das Alte zusammenbricht. Erst das Chaos bietet die Chance, dass wir uns neu strukturieren und eine neue, höhere Ordnung finden. Wir befinden uns kollektiv in einer Art Zwischenraum, in einer Übergangsphase, einem Vakuum der Ungewissheit: Das Alte bricht weg, aber das Neue ist noch nicht da. Wir wissen, was wir nicht mehr wollen, was nicht mehr so weitergehen kann wie bisher. Wir wissen, was wir stattdessen wollen, und sind dabei, es zu erschaffen – doch währenddessen liegt unsere größte Herausforderung darin, den Übergang auszuhalten: uns von dem Aufruhr, dem Wirbel und dem Kampf, der um uns tobt, nicht mitreißen zu lassen und innerlich stabil zu bleiben. Das Nichtwissen auszuhalten, ohne uns vom Kopf verrückt machen zu lassen – denn der schlägt Alarm, sobald er meint, die Kontrolle zu verlieren. Es hilft, den Fokus auf das Gute zu lenken: Du hast die Wahl zu entscheiden, wie du durch den Wandel hindurchgehst. Du hast die Wahl, ob du dich gestärkt aus dieser Krise emporhebst oder nicht. Ganz gleich, was im Außen geschieht, du hast immer die Möglichkeit zu entscheiden: Wie möchte *ich* mich dazu verhalten? Wie will *ich* damit umgehen? Was möchte *ich* kreieren, was will *ich* daraus machen? Du bist immer Schöpferin beziehungsweise Schöpfer deiner Umstände: Wenn du wählst, wofür du sein möchtest, bleibst du in deiner Kraft. Wenn du dagegen in die Ablehnung gehst, in den Widerstand gegen etwas, bist du in einer passiven Haltung und kannst nicht kreieren. Du bist den Kräften um dich herum ausgeliefert. Dein Glück hängt davon ab, wie andere entscheiden und wie sich deine Lage dadurch entwickelt. Anzunehmen, was ist, ist der Schlüssel. Im Annehmen liegt die Befreiung. Dadurch bist du im Frieden mit dir selbst. Aus dieser Energie heraus kannst du kreieren: friedvolle und fördernde Umstände. Doch woran liegt es, dass wir am liebsten alles kontrollieren, um uns sicher zu fühlen? Weshalb agieren wir ständig aus dem Kampfmodus heraus statt aus dem tiefen Vertrauen in unser Potenzial?

In den letzten Jahrzehnten haben wir unserem Verstand, dem rational-analytischen Denken, mehr und mehr Priorität gegeben. Es zählt mehr, was wir *denken*, als das, was wir *fühlen*. Es ist gang und gäbe, dass wir unsere Themen durch zu viel Denken verkomplizieren, anstatt Herz und Intuition zu fragen – und eine einfache, klare Antwort zu erhalten. Indem wir unserem Verstand mehr und mehr vertraut haben, haben wir ihm immer mehr Macht gegeben. Doch durch seine Dominanz haben wir uns ganz schleichend eine einseitig männliche Art zu leben angewöhnt. Die Prinzipien, nach denen wir in unserer Gesellschaft, in Unternehmen, Familien und Beziehungen handeln, sind vorwiegend männlich.[1] Das männliche Prinzip steht für das Machen, das Vorantreiben, das Durchsetzen. Es geht einzig und allein darum, Leistung zu erbringen, Ziele zu erreichen, möglichst viel Geld zu verdienen oder einen persönlichen Vorteil zu erzielen. Der rationale Verstand ist ständig damit beschäftigt, zu vergleichen und zu bewerten, er treibt uns dazu an, immer noch mehr Dinge zu tun und besser als die anderen sein zu müssen. Er zwingt uns dazu, ständig in Aktion zu sein, denn er funktioniert nach dem Motto: Nur wer aktiv ist und etwas tut, ist richtig. Nur wer am Ende des Tages unterm Strich eine Leistung abhaken kann, ist erfolgreich. Die Eigenschaften und Werte des männlichen Prinzips bilden das Gerüst unserer Strukturen in Erziehung, Schule, Wirtschaft und Gesellschaft. Das Fatale daran: Das Milieu, in dem man aufwächst und lebt, prägt einen für immer. Wenn Eltern, Lehrer und Führungskräfte einseitig die Eigenschaften des männlichen Prinzips fördern, sie als die besseren und die erfolgreicheren bewerten, ist es logisch, dass wir genau diese Eigenschaften bei unseren Kindern, Jugendlichen und Mitarbeitern ausbilden. Kinder und Menschen, die in einer emotionalen Abhängigkeit stehen, tun das, wofür sie bestätigt und geliebt werden. Die Konsequenzen daraus sind schlimmer, als wir dachten: Die starke Überbetonung des männlichen Prinzips in unserer Gesellschaft hat zu einer Überbetonung dieser Qualitäten in uns selbst geführt. Und so hat sich über die letzten Jahrhunderte ein starkes Ungleichgewicht entwickelt: Das männliche Prinzip dominiert und unterdrückt alles Weibliche. Das weibliche Prinzip wurde auf die physische Ebene heruntergebrochen und mit der Frau an sich gleichgesetzt. Man begann, alles zu bekämpfen, was bis dahin typisch weiblich gewesen war: intuitives Wissen einbeziehen, Emotionen zulassen, in Kooperation gehen, mitfühlend und ganzheitlich handeln. Die Frauen mussten dafür herhalten, dass männliche Qualitäten auf einen Sockel gestellt und glorifiziert wurden. Die weiblichen Kräfte und Fähigkeiten wie Intuition, Gefühl, Einfühlungsvermögen, kooperatives Handeln, Harmonie und Hingabe wurden über viele Jahre verdrängt und belächelt: Die eindimensionale Nutzung der männlichen Kräfte und Energien hat zu einer Abwertung der weiblichen Qualitäten geführt.

Das männliche Prinzip dominiert und unterdrückt alles Weibliche.

Wir haben den weiblichen Kräften immer weniger Raum gegeben und uns immer mehr von ihnen abgespalten. Wir sind abgetrennt von unseren Emotionen, von unserer Intuition, von unserem Geist. Die meisten von uns haben die Quelle ihrer Schöpferkraft in sich versiegen lassen. Frauen und Männer. Doch uns Frauen betrifft es viel stärker – wir schöpfen viel mehr Energie daraus, wenn wir die weiblichen Qualitäten leben statt die männlichen. Wir erhalten viel mehr Kraft aus der Verbindung mit dem Geistigen als Männer. Wir blühen viel mehr auf und kommen erst in unsere Brillanz, wenn wir in Verbindung mit dem Geistigen stehen und schöpferisch tätig sein können – also die weiblichen Qualitäten leben. Wir zahlen einen viel höheren Preis dafür, die weiblichen Energien zu unterdrücken, als Männer. Die Folge ist: Wir bekommen die Impulse nicht mehr, wann es Zeit ist, in den passiven Modus zu wechseln, wann es Zeit ist, sich zurückzunehmen, langsamer zu werden oder zu entspannen. Wir sind getrieben vom Haben-Wollen und Tun-Müssen und schämen uns, wenn wir mal einen Tag nicht so produktiv sind. Auf der ständigen Jagd nach materiellem Erfolg, Macht und Effizienz packen wir uns die Kalender voll, sind rund um die Uhr erreichbar und verlieren uns nachts in Gedankenkreisläufen. Anstatt abzuschalten, uns zu erholen und zu regenerieren. Und selbst, wenn wir im passiven Modus sind, an den Wochenenden oder im Urlaub, fällt es uns schwer, uns die innerliche Freigabe zum Nichts-Tun zu geben. Wir können es nicht genießen, einfach mal nur zu sein. Viele können gar nichts mit sich anfangen, ohne Tagesziele. Es fühlt sich komisch an, den ganzen Tag einfach nur rumzusitzen. Es fehlt der Kick, das befriedigende Gefühl, das sich in uns ausbreitet, wenn wir eine Leistung erbracht haben. Das Ungleichgewicht zwischen männlichen und weiblichen Kräften hat in Frauen und Männern, in unseren Beziehungen und unseren Unternehmen zu ständigem Druck, zu Konkurrenzdenken, Stress und zunehmendem Chaos geführt. Denn über all dem Kampf haben wir den Sinn unseres Tuns, unseren eigentlichen Auftrag als Mensch, aus den Augen verloren.

Wähle deinen Modus!

Beginne damit, deinen Blick zu schärfen, wenn dein Kopf wieder mal das Zepter in der Hand hat und dich in den Aktiv-Modus treibt. Erkenne, wann du aus dem männlichen Prinzip des Tun-Müssens heraus agierst und eine innere Stimme dich dazu anfeuert, noch mehr leisten zu müssen, obwohl du längst erschöpft bist. Halte sie an. Sag einfach innerlich nein und setze dir einen Erlauber: »Ich darf jetzt Pause machen …« oder »Am Wochenende darf mein Handy aus sein«. Achte auch darauf, wenn dein Kopf auf Stufe zwei schaltet und den Trick anwendet, deine Leistung mit der anderer zu vergleichen, um dich abzuwerten – genau dadurch stiftet er dich zu noch mehr Leistung an. Frage dich:

- » Wie viel Zeit des Tages bin ich im Aktiv-Modus (Ziele erreichen, Leistung bringen, Dinge umsetzen)? Wie viel Prozent sind es?
- » Wie viel Zeit des Tages bin ich im Passiv-Modus (Sein, Spüren, Empfangen, Kreativsein, Genießen)? Wie viel Prozent sind es?
- » Welches Verhältnis ist *nicht gut* für mich, wann brenne ich aus, fühle mich unglücklich?
- » Welches Verhältnis ist *gut* für mich, was lädt mich auf, macht mich glücklich?
- » Was möchte ich ab morgen weniger, was mehr tun?

Gefahr im Verzug: wenn die männlichen Kräfte durchbrennen

Das Machen-Müssen, das Streben nach Materiellem, nach Status und nach Wachstum um des Wachstums willen hat sich bei vielen Menschen und in Unternehmen verselbstständigt. Männliche Energie ist gebündelt, dynamisch, leistungs- und wettbewerbsorientiert. Sie ist zielgerichtet, will um jeden Preis von A nach B. Das hört sich auf den ersten Blick erfolgversprechend an. Aber ungebremst, ohne das Korrektiv der weiblichen Qualitäten, ohne Verbindung mit unserer inneren Stimme, unserer Intuition und ohne Einfühlungsvermögen mutiert diese Energie zu einer kämpferischen und egozentrierten bis narzisstischen.

Das Ego brennt ungezügelt durch und reißt alles um sich mit in den Abgrund.

Schauen wir auf Managementkarrieren wie die von Rupert Stadler, Ex-Audi-Chef, Markus Braun, Ex-Wirecard-CEO, oder Thomas Middelhoff, Ex-Arcandorchef, so steht fest: Das ist das Phänomen unserer Zeit. Das allein ausgelebte männliche Prinzip macht uns zu Monstern, die sich selbst zerstören. »Ich habe Todsünden begangen«, resümiert Thomas Middelhoff.[2] In einem Interview mit der Nachrichtenagentur idea bekannte der einst gefeierte Wirtschaftsmanager: »Meine erste Todsünde war der Hochmut. Dazu gehören Arroganz, Eitelkeit, Narzissmus, das Ich-bin-wichtig-Prinzip. Meine andere Todsünde – für viele Topmanager typisch – war die Gier.« So sei es bei ihm zu einer »schleichenden Vergiftung seiner Seele« gekommen. Er habe im finanziellen Überfluss gelebt und sei auf immer neue Ideen gekommen. So habe er sich für mehrere Millionen Euro eine Yacht gekauft: »Dann bin ich einmal draufgegangen und war ratlos. Die Yacht hat mich nicht glücklich gemacht. Ich war rastlos und konnte die Yacht nicht mehr genießen«. Als er bei Bertelsmann einen Bonus von hundert Millionen D-Mark (circa fünfzig Millionen Euro) bekam, habe er gedacht, er sei der »Master of the universe« und könne »über Wasser gehen«. Dass sich für diesen Typus Mensch inzwischen das Synonym »alter weißer Mann« gebildet hat, zeigt, wie inflationär er sich ausgebreitet hat. Es ist der Typ Mann, der davon ausgeht, dass sich die Welt um ihn dreht. Er hat meist große gesellschaftliche Macht, ist Entscheidungsträger in Politik, Wirtschaft oder Medien. Das Fatale ist: Der alte weiße Mann lebt seine Macht nicht nur in vollen Zügen aus, sondern hält sie für selbstverständlich.

Der alte weiße Mann glaubt, die Welt drehe sich um ihn.

Er glaubt in seinem tiefsten Inneren, sie stehe ihm zu. Er würde grundsätzlich von sich behaupten, dass er der Beste sei, selbst wenn Fakten und Resultate das Gegenteil beweisen. Und da dieser Typ Mann beratungsresistent ist, bleibt er in seiner Entwicklung auf der niedrigen Stufe des selbstgefälligen und machohaften Verhaltens stehen.

Wenn du noch in alten Mustern des Patriarchats feststeckst, in einer Institution, Firma oder Beziehung bist, in der das Prinzip »alter weißer Mann« gespielt wird, frage dich: Möchte ich dieses System mit meiner Energie und Kraft, mit meinen Fähigkeiten weiterhin unterstützen? Möchte ich einen Beitrag dazu leisten, es aufrechtzuerhalten? Entscheidungen sind komplex, kein anderer kann sie für dich treffen. Wenn du mit nein antwortest, frage dich: Was möchte ich stattdessen an Gutem stärken? Welche Menschen, welches Projekt möchte ich vielleicht viel lieber mit meinem Talent und meinem Potenzial unterstützen? Womit wäre ich glücklicher? Wähle deinen Weg bewusst: Lass nichts mehr in deinem Leben einfach so passieren, erhalte nichts aufrecht, nur weil es immer schon so war.

Zieh dem Bienenköniginnen-Syndrom den Stachel

Überraschenderweise zeigt der Feminismus der Sechziger- und Siebzigerjahre ähnliche Verhaltensweisen: Zum Erreichen ihrer Ziele wählten Frauen männliche Herangehensweisen wie Kampf, das In-Konfrontation-Gehen oder Druck-Ausüben. Der Preis, den Frauen dafür zahlen, ist hoch: Das dauerhafte Ausleben männlicher Qualitäten geht auf Kosten der inneren Frau, denn: wird den männlichen Qualitäten mehr Raum gegeben, werden sie energetisch stärker genährt. Der Anteil des inneren Mannes wird stärker. Das Ergebnis sind Frauen, die in ihrer Erscheinung, ihrem Äußeren, Verhalten und Ausdruck maskulin erscheinen. Prominentestes Beispiel dafür, dass eine Frau männlicher sein kann als mancher Mann, war sicherlich Margaret Thatcher, erste weibliche Premierministerin Englands, die als »Eiserne Lady« in die Geschichte einging. Zornig, fast aggressiv hat Thatcher stets ihren Willen durchgesetzt. Dabei fuchtelte sie mit ihrer Handtasche in der Luft herum oder drosch mit ihr auf den Tisch ein. Ihr »grimmiger Griff« zur Handtasche, wie es die Wochenzeitung »Die Zeit« einmal formulierte, ließ das gesamte Kabinett erstarren. Es dauerte nicht lange, bis die Medien dafür ein Wort erfanden: »handbagging« – als Synonym für »seine Interessen mit brachialer Gewalt durchsetzen«.

Manche Frauen auf dem Chefsessel in Unternehmen nähern sich in Durchsetzungskraft und Härte ihren männlichen Kollegen an. Auch hier gibt es die, die Macht ausüben wollen, manipulativ und gewissenlos sein können oder sich selbst in Meetings und Pressekonferenzen in besonders gutes Licht setzen. Viele Erfolgsfrauen ticken wie Männer. Kein Wunder, denn wer sich in einem männlichen System auf der Karriereleiter so weit nach oben gekämpft hat, hat sich auf dem Weg dahin weibliche Qualitäten abtrainiert: Ihr Einsatz ist in männlichen Macht- und Hierarchiestrukturen schlicht nicht zielführend. Der Führungsstil dieser männlichen Chefinnen ist dann keineswegs empathischer oder menschlicher als der ihrer männlichen Kollegen.

So betitelte das »manager magazin« Douglas-Chefin Tina Müller als »Deutschlands härteste Managerin, die mit rüden Methoden die Handelskette Douglas führt«.[3] Müller sei jemand, die »rigide von oben durchregiert«. Sie »bombardiert ihre Untergebenen Tag und Nacht mit zackigen Anweisungen«. Lerneffekt: Man schafft es als Frau auf das Cover eines Wirtschaftsmagazins, wenn man ebenso hart durchgreift wie ein Mann. Und das in Zeiten von New Work?! Wer lässt das noch mit sich machen? Der autoritäre Führungsstil hat den Beiklang der Achtziger und doch ist die Realität in unseren Unternehmen von einem wertschätzenden Miteinander häufig weit entfernt. Da männlich agierende Chefinnen zusätzlich alle weiblichen Impulse unterdrücken müssen, schlagen sie meist fieser um sich als Männer. Besonders untereinander und besonders bei talentierten, aufstrebenden jungen Frauen. Fast jede von uns hatte schon diese eine Chefin, die ihre ganze Kraft reinsteckte, die Frauen um sich herum schlechtzumachen und systematisch kleinzuhalten. Nicht umsonst bildete sich für dieses Phänomen ein Fachbegriff, das Bienenköniginnen-Syndrom.[4] Gemeint sind damit Frauen, die sich schlicht um ihre eigene Karriere kümmern, die die männlichen Qualitäten als besonders hervorheben, sich von Frauen distanzieren und weiblichen Nachwuchskräften den sozialen Aufstieg verhindern. Wie eine Bienenkönigin dulden sie keine Konkurrenz neben sich. Durch diese Haltung stufen sie jede andere kompetente Frau als Konkurrentin ein und beginnen, diese gnadenlos zu bekämpfen.

»

Weibliche Newcomer scheinen

einen Nachteil gegenüber männlichen zu haben,

wenn sie von weiblichen Autoritäten abhängig sind.

Joyce F. Benenson und Henry Markovits, Psychologen,

Emmanuel College und Université du Québec à Montréal

«

Dieser vorherrschende Automatismus ist von weitreichender Bedeutung. Er ist eine der Ursachen, weshalb unsere Arbeitswelt nicht allein durch die Umsetzung der Frauenquote kooperativer und menschlicher wird. Denn Frauen, die ausschließlich aus männlichen Qualitäten heraus agieren, gehen zu anderen Frauen in Konkurrenz und bestrafen gelebte weibliche Qualitäten. Wohin hat es uns geführt, dass Frauen das Spiel in Politik und Wirtschaft auf männliche Art spielen? Dass sie krampfhaft versuchen, den Männern in Machtgehabe, provozierendem oder egozentrischem Verhalten in nichts nachzustehen? Wir erzeugen noch mehr Aggression. Wir verstärken Kampf und soziale Kälte. So ist es in Bundestag, Vorstandsetagen und Talkshows salonfähig geworden, Egokriege öffentlich auszutragen, häufig weit unter der Gürtellinie. Frei nach dem Motto: »Hauptsache, der Schaden, den ich dem anderen zufüge, ist größer als mein eigener.« Der gesunde Gegenpol fehlt. Das Stoppschild, das das Ego bremst und den Blickwinkel weit macht, viel weiter, als es die schmale Spur des Eigennutzes zulässt, fehlt. Genau das hat uns in die Sackgasse geführt, in der wir jetzt feststecken. Wir sind lediglich um eine Erkenntnis reicher: Wir brauchen keine zu Männern mutierten Frauen.

Wie ist es bei dir? Freust du dich darüber, wenn eine kompetente Frau in dein Team kommt? Siehst du es als Chance, eure Projekte groß zu machen? Oder springt auch bei dir das Konkurrenzdenken an? Denkst du: Was, wenn sie besser ist als ich?

Was, wenn alle sie mehr mögen als mich? Was, wenn sie genau das kann, was ich nicht kann? Halte diese Gedanken an. Transformiere sie, wähle eine neue Haltung: Das, was sie einbringt, hilft auch mir, hilft der Sache. Lenke den Fokus darauf, welche Stärken du hast und welche sie hat und wie ihr euch ergänzen könnt. Stoppe jeden noch so kleinen Impuls von Neid oder Missgunst in dir. Achte im zweiten Schritt darauf, ob auch du genervt bist, wenn sich Kolleginnen weiblich verhalten: wenn sie mehr Emotionen zeigen, mehr Gespräche brauchen oder in Konflikten mehr leiden. Lehnst du das Verhalten ab und meidest die Kollegin? Wählst auch du lieber einen männlichen Kollegen für ein Projekt als eine Kollegin? Ändere das. Wage dich auf das Feld der Emotionen: Trau dich, in Gespräche zu gehen und Emotionen einzubeziehen. Wähle bewusst Kolleginnen für Projekte, sobald sie sich durch ihre Kompetenzen dafür eignen. Fördere in deinem Umfeld die Kooperation unter Frauen, ohne dabei Männer auszuschließen. Bald wirst du sehen, welch große Kraftquelle sich eröffnet, wenn mehr weibliche Qualitäten ins Spiel kommen und Emotionen zugelassen werden. Du wirst spüren, wie viel mehr Potenzial entsteht, wenn männliche und weibliche Energien im Gleichgewicht sind.

Entfache dein Feuer: die weiblichen Qualitäten

Die weibliche Qualität wird benötigt, um den männlichen Drang, nach vorn zu preschen, etwas zu erschaffen und zu tun, in die richtigen Bahnen zu lenken. Das Weibliche ist notwendig, um das Männliche auszurichten. Auch in uns. In Männern und Frauen. Um zu wissen, was das Richtige ist, ob etwas aus ganzheitlicher Sicht Sinn ergibt oder auf welche Art und Weise man ein Ziel erreicht, sodass es langfristig stabil ist, braucht es Intuition und Empathie. Man muss kurz anhalten. Man muss ein paar Minuten aussteigen aus dem Tun und Reden und Sich-darstellen-Müssen. Einfach anhalten, schweigen. Das Ego runterfahren. Das Zielbild in sich visualisieren. Hinspüren, was an Informationen kommt. Und das, was man vorhat, durch den Filter der langfristigen Ziele und Konsequenzen laufen lassen. Durch den Filter, ob es lebensdienlich ist. Nützt es der Gesellschaft, der Natur, der Umwelt? Hilft es anderen Menschen? Dient es der Selbstfürsorge? Was nicht dem Leben dienlich ist, entspricht nicht unserem Auftrag als Mensch. Es dient lediglich dem eigenen Ego.

Arianna Huffington, Gründerin der Web-Zeitung »Huffington Post«, ist eine der bekanntesten Frauen in Führungspositionen. 2007 erlitt sie einen Zusammenbruch.[5] Danach änderte sie ihr Leben radikal und strich als Erstes die Mammut-Arbeitstage mit bis zu achtzehn Stunden. Heute versuche sie, an neunzig Prozent aller Tage acht Stunden Schlaf zu bekommen. Sie arbeite deswegen nicht weniger zielstrebig, achte aber darauf, sich aufzuladen und zu erholen. Ein wichtiges Puzzleteil ihres Erfolges ist das bewusste Nach-innen-Gehen. Immer wenn es nötig sei, trete sie innerlich einen Schritt zurück und nehme sich eine kurze Auszeit. Sie ordne ihre Gedanken und gleiche mit dem inneren System ab, ob sie auf dem richtigen Weg sei. Ihrer Erfahrung nach steigert dieses Vorgehen die Leistungsfähigkeit viel mehr, als nur hart zu arbeiten. Aber was ist die Regel? Wir hetzen durch unseren Alltag. Erledigen drei Sachen gleichzeitig und belächeln das Hinspüren. Die Folge: Wir sind erschöpft, weil wir zu viel tun, was für uns nicht wirklich wichtig ist. Wir sind erschöpft, weil wir es auf die falsche Art und Weise tun: im Kampfmodus. So, dass viel Energie sinnlos vergeudet wird. Über kurz oder lang führt das dazu, dass wir uns leer und ausgelaugt fühlen. Die Welt krankt am Streben nach Status, Reichtum und Macht. Die Menschheit bewegt sich mit dem Bewusstsein an der Oberfläche und lässt sich verführen zum rastlosen Höher, Schneller, Weiter. Dadurch verliert sie den Kontakt zur Erde, zur Natur – und damit zu sich selbst. Erst wenn du die weiblichen Qualitäten wieder mehr lebst, wirst du dich erfüllter fühlen, denn erst dann kommt die weibliche Energie wieder ins Fließen. Weibliche Energie wählt immer die Verbindung: Sie verbindet mit der Natur, der Schöpferkraft, sie geht nach innen und in die Tiefe. Sie umschließt alles, sie integriert, sie fühlt sich in das Miteinander ein, fühlt für die nächsten Generationen, fühlt den Kreislauf des

»

Fang damit an, dass du innerlich still bist.

Lass die äußere Welt verstummen,

damit dir die innere Welt Einsicht gewähren kann.

Nach dieser Ein-Sicht trachtest du,

doch kannst du sie nicht erlangen,

solange du zutiefst mit der

äußeren Realität beschäftigt bist.

Strebe deshalb danach,

so viel wie möglich nach innen zu gehen.

Neale Donald Walsch (*1943), »Gespräche mit Gott«

«

Lebens. Sie erfasst intuitiv größere Zusammenhänge. Lass dieses Geschenk nicht einfach links liegen, nur weil die Gesellschaft es abwertet. Achte darauf, dass deine Energien in Balance sind, dass Geben und Nehmen sich ausgleichen. Dass dein Passiv- und Aktiv-Sein in einem gesunden Gleichgewicht sind und Phasen der Stille und Ruhe Phasen des Tuns ablösen. Nur in der Stille können wir klar werden, kann unser Kopf sich leeren – nur so kommen wir in Kontakt mit unserem Inneren und können unsere innere Führung wahrnehmen. Wir brauchen Phasen der inneren Einkehr, wie sonst soll das Geistige uns bereichern, uns führen und unterstützen können?

Eine Frage der Haltung: weibliche Führung

Die gute Nachricht: Es gibt sie, die Chefinnen und die Politikerinnen, die die viel gerühmten weiblichen Kompetenzen in den Soft Skills auch in der Rolle des Leaders leben. Die die weiblichen Qualitäten, wie kooperatives Verhalten, Einfühlungsvermögen und uneigennütziges Engagement, einsetzen und diese auch in ihrem Wirkungskreis fördern. Die sozialer und verantwortungsvoller führen. Die die männlichen Strukturen nicht bekämpfen, sondern einfach das Weibliche mehr und mehr leben und damit den Wandel in Unternehmenskulturen und Gesellschaft vorantreiben. »Sie kann ein Team motivieren und durch ein tiefes Tal führen«,[6] sagte ein Kollege über Saori Dubourg, seit Mai 2017 Mitglied des Vorstands von BASF, dem weltweit größten Chemiekonzern, der »Wirtschaftswoche«. Sie habe ihren eigenen

Stil: »analytisch klar und sozial kompetent«. Bei der von ihr verantworteten Restrukturierung der Sparte Lebensmittelzusatzstoffe »redete sie offen über harte Einschnitte und erklärte die Entscheidungen, forderte aber gleichzeitig Verantwortung ein«. Saori Dubourg legte Wert auf Transparenz, eine offene Kommunikation und darauf, die Menschen im Prozess mitzunehmen. Dafür gab es unter anderem für Mitarbeiter die Möglichkeit, »sich zum Frühstück mit der Chefin anzumelden«. Auch im Mittelstand gehen Frauen inzwischen mit einem weiblichen Führungsstil sehr erfolgreich ihren Weg. Eines der bekanntesten Role Models ist sicher Antje von Dewitz, Chefin des Outdoor-Ausrüsters Vaude am Bodensee. Von Dewitz hat ihr Unternehmen, etwa fünfhundert Mitarbeiter und Mitarbeiterinnen, etwa hundert Millionen Euro Jahresumsatz, in den vergangenen Jahren zum nachhaltigsten Unternehmen der Branche gemacht.[7] Sie hat die Produktion in Deutschland wieder eingeführt, eine Kita gebaut, die Art der Zusammenarbeit geändert und ihre Zulieferer zu Umwelt- und Sozialstandards verpflichtet. Wenn ein Lieferant aus Asien die neuen Grundsätze nicht sofort erfüllen will, sagt sie in einem Interview mit der Nachrichtenagentur ada, lasse Vaude ihn nicht fallen, sondern »arbeite mit ihm«. Augenhöhe sei das zentrale Prinzip in der Führung des Unternehmens und gelte auch für den Umgang mit Menschen außerhalb. Da ist sie, menschliche Größe. Da sind sie, gelebte weibliche Qualitäten.

Weibliche Führung galt auch während der ersten Corona-Welle als Vorbild.[8] Das Versagen des US-Präsidenten und vieler anderer autoritärer Herrscher im Kampf gegen die Corona-Pandemie bewegte die Journalistin Avivah Wittenberg-Cox vom »Forbes«-Magazin dazu, nach Beispielen für echte Führung in einer Krise zu suchen. Das Fazit ihrer Recherche war überraschend: »Von Island bis Taiwan und von Deutschland bis Neuseeland zeigen Frauen der Welt, wie man eine chaotische Herausforderung für unsere menschliche Familie meistert.« In all den von »Forbes« genannten Ländern standen Frauen an der Spitze der Regierung: die finnische Premierministerin Sanna Marin, die norwegische Regierungschefin Erna Solberg, die Isländerin Katrín Jakobsdóttir, die Dänin Mette Frederiksen. Angela Merkel fiel laut »Forbes« durch ihre »ehrliche, ruhige und sachliche Kommunikation« aus dem Raster der sich ansonsten in Kriegsrhetorik gegenseitig überbietenden männlichen Regierungschefs. Die neuseeländische Premierministerin Jacinda Ardern ging mit gutem Beispiel voran, indem sie auf einen Teil ihres Gehaltes verzichtete und sehr früh konsequent auf die Pandemie reagierte, so das Fazit von Wittenberg-Cox. Zu den Kriterien für echte Führung gehören demnach: Ehrlichkeit, Entschlossenheit, Technik – im Sinne von Umsetzung – und Liebe. Liebe steht für eine empathische Kommunikation mit allen Betroffenen. Die norwegische Premierministerin Erna Solberg organisierte eine Pressekonferenz, auf der nur Kinder zugelassen waren und auf der ausschließlich Fragen von Kindern zu Corona beantwortet wurden. Als Regierungschefin in der größten Krise der Menschheit nahm sich Erna Solberg Zeit für Kinder – um ihnen die eingeleiteten Maßnahmen zu erklären und sie zu ermutigen. Es sei in Ordnung, Angst zu haben, lautete eine ihrer Botschaften. So klingt es, wenn jemand mit dem ganzen Herzen im Amt ist, nicht nur mit einem übergroßen Ego. CNN fasste es so zusammen: »Die überproportional hohe Anzahl weiblicher Führungskräfte, die diese Pandemie bisher erfolgreich bekämpfen konnten, zeigt, dass die Gleichstellung der Geschlechter für die globale öffentliche Gesundheit und die internationale Sicherheit von entscheidender Bedeutung ist.«

Endlich gibt es Studien, die nicht mehr das alte System rechtfertigen, sondern zeigen, wo es in Zukunft hingehen muss: Die Unternehmensberatung McKinsey verglich die Performance von unterschiedlichen Unternehmen mit vielen oder wenigen Frauen in Führungspositionen.[9] Die Berater setzten in über tausend Firmen aus zwölf Ländern den Frauenanteil in den ersten drei Führungsebenen der Unternehmen ins Verhältnis zum Wirtschaftserfolg. Das Ergebnis: »Sind besonders viele Frauen im Management, ist die Wahrscheinlichkeit, wirtschaftlich besonders gut abzuschneiden, um ein Fünftel höher.« Auch das Bonner Forschungsinstitut zur Zukunft der Arbeit (IZA) veröffentlichte eine Studie,[10] die belegt, dass der Einsatz weiblicher Qualitäten wie Kooperation, Fürsorge, Förderung und Unterstützung der Teammitglieder durch die Führungskraft zu signifikant besseren Unternehmensergebnissen führt. Damit wurde die These, die von vielen Management-Experten seit Jahren geäußert, aber konsequent übergangen wurde, von Wissenschaftlern aus Italien bestätigt. Teilnehmer des Experiments waren vierhundertdreißig Studenten der Universität Kalabrien, die sich freiwillig gemeldet hatten, einen Teil einer Prüfung als Teamarbeit zu absolvieren. Die Zusammensetzung der Dreierteams und die Führungsrolle wurden ausgelost, so konnten die Forscher den Effekt unterschiedlicher Geschlechterkonstellationen messen. Die Teststudenten bereiteten sich in unterschiedlichen Gruppenzusammensetzungen auf gleiche Prüfungsaufgaben vor. Dabei nahmen Frauen in der Teamleitung ihre Arbeit besonders ernst: Sie investierten mehr Zeit in das Wohl der Gruppe, die Betreuung und Koordination der Mitglieder. Es zeigte sich, dass die frauengeführten Teams signifikant bessere Abschlussnoten erzielten. Unter einer Führung mit gelebten weiblichen Qualitäten liefen besonders Frauen zu Höchstform auf. Weibliche und männliche Teammitglieder profitierten vom uneigennützigen Engagement ihrer Leiterinnen sowie deren Organisations- und Motivationstalent. Diese typisch weiblichen Eigenschaften würden in modernen, von Kooperation geprägten Arbeitsumgebungen an Bedeutung gewinnen, so Vincenzo Scoppa von der Universität Kalabrien, der die Studie mit zwei Kolleginnen der Universität Mailand verfasst hat.

Weibliche Qualitäten sorgen für signifikant bessere Ergebnisse.

Sie stimmt schlichtweg nicht, die weitverbreitete Ansicht, dass der Einsatz weiblicher Qualitäten ein Zeitfresser sei und nichts bringe. Unternehmen, die im New-Work-Mindset des Miteinanders auf Augenhöhe agieren, beweisen längst das Gegenteil. Die Welt ist im Wandel. Unsere Gesellschaft und unsere Wirtschaft sind im Wandel. Wir können einen Reset unserer Systeme bewirken, indem jeder von uns damit beginnt, die weiblichen Qualitäten in seinem Umfeld und Wirkungskreis zu leben: Frauen und Männer – in Familien, Unternehmen, Institutionen, Managementboards, Schulen, Vereinen oder Parteien. So erschaffen wir unsere neue Realität.

Komm in deine weibliche Kraft: Übung 2

Lebe weibliche Qualitäten!

Egal ob in deinem Unternehmen, Verein oder in deinem privaten Umfeld, frage dich: Wo und wie kann ich die weiblichen Qualitäten mehr leben? Wo kann ich:

» für mehr Kooperation untereinander sorgen,
» eine erstarrte Situation, eine verfestigte Haltung aufweichen und ins Fließen bringen,
» Menschen motivieren, ein sinnvolles Ziel zu unterstützen,
» mehr Einfühlungsvermögen zeigen und dadurch neue Türen im Miteinander öffnen,

- mich einbringen und engagieren, um anderen zu helfen,
- anderen dabei helfen, Hindernisse zu überwinden,
- Menschen befähigen, ihnen etwas beibringen, das ihnen weiterhilft,
- Ideen einbringen, um ein veraltetes System oder verkrustete Strukturen zu reformieren?

Entlarve Fallen: Erkenne deine Muster!

Das Weltbild, in dem wir leben, kennt nur Entweder-oder. Es vermittelt uns den Eindruck, als gäbe es jeweils zwei Pole, die unvereinbar miteinander sind: Bewegung *oder* Stillstand, Verstand *oder* Gefühl, Konkurrenz *oder* Kooperation, richtig *oder* falsch, schwarz *oder* weiß, männlich *oder* weiblich.

Auf das Konzept der Dualität, das Konzept des Trennens, sind wir im großen Stil hereingefallen. Aktuell erleben wir in vielen Bereichen sogar eine Verschärfung der Polaritäten: In der Corona-Krise zwischen Alt *oder* Jung, beim Thema Rassismus zwischen Schwarz *oder* Weiß, in Wirtschaftswelt und Klimakrisendebatte zwischen Industrie *oder* Natur. Im neuen Weltbild, welches sich gerade formt, gilt das Konzept »Sowohl-als-auch«. Hier haben beide Pole die gleiche Existenzberechtigung: *Sowohl* Schwarz *als auch* Weiß,

Das männliche Prinzip basiert auf dem Konzept des Trennens.

sowohl Jung *als auch* Alt, *sowohl* Industrie *als auch* Natur, *sowohl* männliche *als auch* weibliche Qualitäten. Für ein erfülltes Leben braucht es *sowohl* männliche Qualitäten wie zielstrebiges, strukturiertes Arbeiten *als auch* weibliche Aspekte wie der Kreativität Raum zu geben und kooperatives Verhalten. Beides ist wichtig. Männliche und weibliche Qualitäten können nur durch ein Miteinander in ihre wahre Stärke kommen. Und so ist es unsere Herausforderung, die Haltung »Sowohl-als-auch« zu verinnerlichen:

» Aktiv und fordernd sein (männlich) muss immer wieder abgelöst werden von passiv und nährend sein (weiblich) – im Umgang mit uns selbst.
» Denken und Tun (männlich) muss durch Spüren und Sein (weiblich) ergänzt werden – damit Handeln Sinn macht.

Die fernöstliche Lehre von Yin und Yang bezeichnet Yin als die weibliche und Yang als die männliche Ursprungsenergie. Unsere aktuelle Situation könnte man demnach so beschreiben: Ein schwaches Yin (das Weibliche) leidet unter einem völlig außer Kontrolle geratenem Yang (das Männliche). In der Regel sind beide Pole stets um Ausgleich bemüht, denn nur die Symbiose gleich großer Anteile ergibt eine neue, mächtigere Energie. Es ist an der Zeit, dass auch wir erkennen: Es gibt keine Abkürzung, zum Ziel führt uns nur ein Weg: ein Gleichgewicht der männlichen und weiblichen Kräfte in uns, in unserer Partnerschaft und in unseren Unternehmen.

Yang/männlich	**Yin/weiblich**
Verstand	Gefühl
Wissen	Intuition
Anspannung	Entspannung
Konkurrenz	Kooperation
Wettbewerb	Harmonie
Eigennutz	Fürsorge
Haben	Sein
Geben	Empfangen
Denken	Fühlen
Kontrolle	Hingabe
aktiv	passiv
schnell	langsam
Bewegung	Stillstand
erzeugend	aufnehmend
verbrennend	nährend
technisch	natürlich

Quelle: Daniela Hutter »Das YIN-Prinzip«[1]

Doch wie geht das? Unsere Verhaltensmuster laufen größtenteils automatisch ab. Wir können daher nur etwas ändern, wenn wir es schaffen, unsere Muster zu erkennen. Wenn wir wahrnehmen, dass ein Reiz kommt, der eine ganz bestimmte Reaktion bei uns auslöst. Eine Reaktion, die nicht hilfreich für uns ist. Wenn wir anspringen und etwas wieder so tun wie immer, obwohl es nicht förderlich für uns oder unsere Umgebung ist. Wir brauchen die

Fähigkeit, uns selbst beobachten zu können – und zwar während wir etwas denken, sagen oder tun. So, wie wenn wir mit unserem Bewusstsein auf einer höheren Ebene stehen und uns selbst zuschauen – eine Art Helikopter-Sicht auf uns selbst. Nur so können wir erkennen, aus welcher Energie heraus wir gerade agieren, und nur so können wir endlich vor allem eins: innehalten.

Komm in deine weibliche Kraft: Übung 3

Bringe deine Energien ins Gleichgewicht!

Frage dich: Wann agiere ich aus einer männlichen Qualität heraus und ist das für mich oder die Situation gerade hilfreich? Wann lebe ich eine weibliche Qualität voll aus und ist das für mich oder die Situation gerade hilfreich? Bin ich insgesamt, wenn ich diesen Tag heute betrachte, im Gleichgewicht?

Wenn nein, halte inne.

- » Wenn du gerade in dem, was du sagst, den Konkurrenzkampf gegenüber einer Kollegin beziehungsweise einem Kollegen anheizt (männlich), stoppe das.
- » Wenn du in Hast bist, um alles zu schaffen (männlich), werde langsamer.
- » Wenn du dich gerade dabei ertappst, deine Freundin oder deinen Freund zu kontrollieren (männlich), höre auf damit.

Geh raus aus der Energie. Gehe in eine der weiblichen Qualitäten und dehne diese aus. Bringe dich in Balance.

» Warst du im Konkurrenzdenken, suche eine Möglichkeit, wie du dich mit der Kollegin und dem Kollegen ergänzen kannst. Wähle Kooperation (weiblich) statt Konkurrenz (männlich).
» Bist du im Turbo unterwegs, mach eine Pause, genieße – die Sonne, die Ruhe, eine schöne Erinnerung. Wähle Passivität (weiblich) statt Aktivität (männlich).
» Bist du im Kontrollwahn (männlich) gefangen, steig aus – geh ins Vertrauen (weiblich).

Überlege, was du jetzt tun könntest, was dich in deinem Leben weiterbringt. Ändere den Fokus. Lenke ihn nur auf dich. Und genauso ist es andersrum:

» Wenn du dich in Harmoniesucht fallen lässt und einen Konflikt umschiffst (weiblich), höre auf damit. Sortiere die Fakten und sprich sie sachlich an.
» Wenn du dich in ein passives (weiblich) »Ich kann das nicht« fallen lässt und dein Projekt wieder und wieder verschiebst, höre auf damit. Stell dir einen Wecker auf zehn Minuten. Sag dir: »Ich mache es, nur zehn Minuten«. Bringe dich in die männliche »Ich packe es an«-Energie des Tuns.

» Wenn du dich in ein Gefühl (weiblich) reinsteigerst, höre auf damit. Spüre, wenn es von normal groß zu sehr groß mutiert. Schalte den Kopf ein, sortiere dich, erkenne die Ursache für das Gefühl. Entwickle Lösungen, die diese Ursachen verändern, bringe diese in die Umsetzung. Lass dich nicht immer weiter und weiter ins Gefühl fallen. Wechsle in das männliche lösungsorientierte Klären.

Erst mit dem Ausgleich der männlichen und weiblichen Energien in dir, in deinen Handlungen, in deinem Sein, kommst du in die Selbstermächtigung. Erst durch diesen Ausgleich leistest du deinen Beitrag für ein neues Miteinander.

Gleiche männliche und weibliche Energien in dir aus

Viele Menschen sind verunsichert. Wer den Zugang zu den weiblichen Kräften in sich verloren hat, hat auch den Zugang zum Inneren und damit zum Geistigen, zu seinem höheren Selbst, verloren. Damit fehlt der Zugang zum Sinn, zur eigenen Lebensvision. Wer sich von seinen Gefühlen abgeschnitten hat, ist innerlich hart geworden, auch gegen sich selbst. Man versucht dann, das Männliche einseitig zu leben, indem man funktioniert, durchhält, seine Pflicht erfüllt. Der Körper schickt immer mehr Symptome: Rückenschmerzen, Herzrasen, Tinnitus, Panikattacken. Aber man versucht hartnäckig, stärker zu sein, und ignoriert Signale, solange es geht. So gerät man körperlich und psychisch immer mehr in eine Krise. Es ist schwer, sich alleine daraus zu befreien. Man trägt Verantwortung, ist vielleicht die Versorgerin oder der Versorger der Familie, zahlt Kredite und Raten. Man hat Zusagen gemacht, Verträge unterzeichnet und fühlt sich gefangen. Man muss funktionieren und ist unfähig, Alternativen zu sehen. Mich traf es mit Mitte dreißig. Mein damaliger Mann entschied sich, seinen spirituellen Weg zu gehen. Er kündigte seinen Job und begann damit, sich selbst zu finden: Er wollte nicht mehr »im System« arbeiten, stieg ganz aus. Grundsätzlich gesehen finde ich das in Ordnung, jeder soll nach seinem freien Willen leben. Mit drei Kindern ist es allerdings schwer. Ich arbeite gerne und auch gerne viel. Jedoch hieß es nun, ganz allein die Rolle des Ernährers übernehmen zu müssen: die finanzielle Verantwortung zu tragen für ein Haus, zwei Autos, drei Kinder. Und so bin ich hineingeschlittert, ins Funktionieren-Müssen. Egal, wie viel ich arbeitete, es fühlte sich an wie ein Fass ohne Boden. Ich lebte die meiste Zeit im männlichen Prinzip von Ziele erreichen, Leistung bringen, Aufgaben erledigen, die Kontrolle behalten, Geld verdienen müssen. Selbst an freien Tagen kam ich mental aus der Anspannung nicht raus. Wenn man mit drei Kindern überhaupt von »frei« reden kann. Ich machte mir ständig Sorgen ums Finanzielle, fühlte mich erdrückt von all den Pflichten. Zehn-Stunden-Arbeitstage reihten sich an unruhige Nächte mit Kindern, die zahnten, fieberten oder nicht allein schlafen wollten. Ich konnte mir gar nicht mehr vorstellen, wie sich Leichtigkeit anfühlt. Alle Auswege, die wir probierten, klappten nicht. Für mich galt schlicht und einfach: Durchhalten-Müssen. Ich wollte gut für meine Kinder sorgen, ich wollte sie keinem Risiko aussetzen.

Eine längere Sinnkrise konnte ich mir selbst nicht erlauben.

Und so brannte ich langsam aus. Wenn man als Frau den ganzen Tag ein männliches Leben führt, sich hetzt, anstrengt und kämpft, kann das auch der Yogakurs einmal die Woche nicht ausgleichen. Es kam, wie es kommen musste. Mit sechsunddreißig bekam ich das Stoppschild vom Universum: Diagnose Gebärmutterhalskrebs. Inzwischen weiß ich, das ist ein Klassiker. Wir leben die weiblichen Qualitäten und Energien nicht, wir lehnen also unbewusst das Weibliche ab – und erkranken an den weiblichen Organen: Gebärmutter, Eierstöcke, Brust. Und so erschaffen wir uns unbewusst unsere Krebserkrankungen. Ich hatte großes Glück. Die Operation kam rechtzeitig, der Tumor war noch gutartig. Nun hatte ich sie, die Auszeit, zu der mir Kopf und Pflichtgefühl vorher nicht die Freigabe geben konnten. Knapp acht Wochen im Bett, da die Wunde nicht heilte. Mit Macht stillgelegt – und endlich konnte ich mich ausruhen. Konnte in meine weiblichen Kräfte eintauchen und mein Leben hinterfragen. Das ist der erste Schritt, raus aus dem Tunnel, raus aus der männlichen Energie. Raus aus dem automatisiert ablaufenden Kampfmuster. Anhalten. Ehrlich und ungeschminkt schauen, wo man steht. Sehen, wie es wirklich ist. Den Scherbenhaufen der Illusion von einem glücklichen Familienleben, die da gerade geplatzt ist, nüchtern betrachten. Annehmen, was ist. Und ich stellte mich den Fragen, die schon lange warteten:

» Bin ich wirklich glücklich?
» Welche Bedürfnisse habe ich, die nicht erfüllt werden?
» Was möchte ich nicht mehr tun?
» Was möchte ich ab sofort mehr tun?
» Was mache ich ab jetzt rigoros anders?
» Wovon und wie grenze ich mich in Zukunft klar ab?

Krisen sind der Zeitpunkt, sich den großen Fragen des Lebens zu stellen. »Warum bin ich hier?«, »Was will ich wirklich tun?«, »Wie will ich leben?« Klüger wäre natürlich, es vorher zu tun, um gar nicht erst mit voller Wucht in eine lebensbedrohliche Krise zu schlittern. Wer jedoch im Hamsterrad feststeckt, schafft das selten. Es braucht oft erst den großen Knall, um nach innen zu gehen. Das bringt sofort Erleichterung, denn das ganze innere System entspannt sich, sobald es gehört wird. Gefühle kommen an die Oberfläche, Erinnerungen laufen vor dem inneren Auge ab. »Welche Signale habe ich übersehen?« und »Welcher Glaubenssatz, welches meiner Verhaltensmuster hat mich dazu gebracht, sie nicht ernst zu nehmen?« Zusammenhänge werden einem klar. Oft zieht sich eine Lernauf-

Tiefpunkte sind dazu da, sich dem Leben zu stellen.

gabe wie ein roter Faden durch das bisherige Leben. Man erlebt unterschiedliche Dinge, aber dahinter steht immer diese eine Sache, die man hätte lernen können – weil wir sie ignorieren, kommt diese Art Erfahrung wieder und wieder. Frage dich:

» Was ist das Geschenk dahinter?

Ich weiß, es ist schwer, das Wort »Geschenk« ertragen zu können, wenn man gleichzeitig Angst vor dem Sterben, vor Metastasen oder einem Rückfall hat. Und doch sind alle Ereignisse in unserem Leben dazu da, daraus zu lernen. Vor allem die, die weh tun. Je früher man aufhört, damit zu hadern, weshalb es ausgerechnet einen selbst getroffen hat, je früher man nicht mehr daran verzweifelt, dass die Lage ernst ist – umso schneller kann man sich auf einen neuen Weg machen. Es ist hilfreich, sich seine persönliche Vision zu erarbeiten. Um sich so Schritt für Schritt, Frage für Frage klarer zu werden, was man wirklich will im Leben. Wie man leben will und wie nicht. Und das so zu kommunizieren – in Ruhe und Frieden, ohne Drama. Aber klar und konsequent. Jetzt zählt nur eins: dass man sein Leben, sein Verhalten wirklich ändert – unabhängig davon, was andere von einem erwarten. Es ist lebensnotwendig, jetzt auf die eigenen Bedürfnisse zu hören. Indem man das tut, startet man neu. Es ist wichtig, über die nächsten Wochen und Monate im Alltag gut wahrzunehmen, welchem inneren Impuls man folgt: Bin ich in der männlichen Energie, wenn ja, wie lange schon? Habe ich die Intensität im Griff oder wird sie gerade wieder zum Selbstläufer? Es ist elementar, immer wieder bewusst in die weiblichen Energien einzutauchen und Pausen zu machen: ein kurzer Spaziergang, die frische Luft genießen; mit den Kindern telefonieren, sich freuen, ihre Stimmen zu hören; das Fenster öffnen, die warmen Sonnenstrahlen auf der Haut spüren. In die innere Mitte kommen, Frieden fühlen. Und zu wissen: Nur durch den Ausgleich, die Balance beider Energien, geht es mir langfristig gut.

Komm in deine weibliche Kraft: Übung 4

Entwickle deine Vision!

Notiere dir die Antworten und ergänze die nächsten Tage über deine Gedanken immer wieder:

» Angenommen, über Nacht geschieht ein Wunder, das all deine Herausforderungen und Probleme löst, *woran* würdest du das merken?
» Was wären die zwei, drei wichtigsten *Veränderungen*?
» Wer außer dir würde es als Erster merken? *Woran* würde X das merken?
» Was würdest du dann *anders* tun?
» Was würde *dadurch* anders?
» Und was würde dann dadurch *möglich*?

(nach de Shazer, 2015)

Sammle so viele Ideen, Wünsche und neue Verhaltensweisen wie möglich. Frage dich dann:

» Wo will ich in drei Jahren stehen?
» Wie soll mein Tag aussehen, was will ich tun?
» Worin bin ich die Beste? Was macht mich einzigartig?
» Was ist meine wahre Leidenschaft? Was ist meine Mission?
» Wozu bin ich hier? Was ist mein persönlicher Auftrag?
» Für wen möchte ich wirken?
» Wen wünsche ich mir auf der Bühne meines Lebens und wen nicht?

Was tun, wenn das weibliche Prinzip in dir überwiegt?

Vor einiger Zeit hatte ich eine Klientin, die in ihrer Rolle als Projektleiterin für ein kleines Team und die Netzwerkarbeit zu anderen Institutionen zuständig war. Sie kam ins Coaching, weil sie sich zunehmend unverstanden fühlte, hinter ihrem Rücken getuschelt und sie immer weniger ernst genommen wurde. Wir arbeiteten an einigen Echtsituationen, beleuchteten Meetings und Mitarbeitergespräche, ihr Verhalten, das Verhalten des Teams. Durch das Spiegeln wurde ihr plötzlich klar, was ihr Hauptthema war: Sie ließ ihren Gefühlen freien Lauf. So, dass es alle anderen völlig überforderte, anstrengend war, viel Zeit kostete und manchmal auch naiv rüberkam. Als sich die Erkenntnis in ihr formte, brach plötzlich ein Vulkan der Euphorie in ihr aus. Sie sprang von ihrem Stuhl auf, rannte Runden im Raum und warf sich mit den Worten »Das ist so groß, das ist der Wahnsinn, ich muss das erst mal verarbeiten« auf den Boden. Damit war klar: Sie reagierte mit dem Extrem »hundert Prozent emotional«.

Man kann nicht erwarten, dass andere Menschen damit klarkommen. Die meisten sind überfordert, egal ob Mann oder Frau. Sich völlig in eine Emotion reinfallen lassen ist auch nicht zielführend. Es kann ein Team tagelang lahmlegen. Einer der Gründe, weshalb das Gefühle-Zeigen belächelt wird, ist, dass es oft unkontrolliert, ungezügelt ausgelebt wurde und zu nichts geführt hat. Jeder kennt diese Meetings, in denen es einen Wutausbruch gab und dann folgten gruselige Tage mit viel Schweigen, betretenem Wegschauen oder betontem Ignorieren. Genauso kann es auch bei stark ausgelebten positiven Gefühlen sein: Schwelgen wir nach einem Erfolg viele Tage auf der rosaroten Wolke der Euphorie und Begeisterung, kann das zu unklugen, zu wenig durchdachten Entscheidungen führen.

Emotionen haben eine wichtige Signalfunktion.

Das ungebremste, destruktive Ausleben von Emotionen hat unter anderem dazu geführt, dass sie aus Unternehmen verbannt wurden. Dadurch sind wir im anderen Extrem gelandet: beim Einfordern von dauerhafter Sachlichkeit, beim Verleugnen und Ignorieren von Emotionen.

Es geht darum, wieder ins Gleichgewicht zu finden. Emotionen gehören ernst genommen und angesprochen, aber in einer sachlichen Art und Weise. So, dass der andere verstehen kann, was an seinem Verhalten zum Beispiel verletzend war und was als Lösung helfen würde. Erst dann ist es ein konstruktiver Umgang mit Emotionen. Erst dann bekommen Emotionen auch ihre wichtige Funktion zurück: die Signalfunktion. Sie sind dazu da, uns anzuzeigen, wo etwas für uns nicht stimmt oder sehr gut stimmt. Immer, wenn du eine Emotion als sehr intensiv wahrnimmst, gewöhne dir an, mit ihr zu arbeiten. Wenn du sie wegdrückst, bastelst du dir einen Schnellkochtopf: Die Emotion ist eingeschlossen und wird stärker und stärker. Wenn du den Dampf nicht kontrolliert ablässt, besteht die Gefahr der Explosion. Gewöhne dir eine Technik an, wie du Dampf ablässt. Manchmal hilft schon ein langer Spaziergang in der Natur, Sport oder ein Gespräch mit einem guten Freund. Häufig wird es jedoch nur besser, wenn wir mit dem Menschen sprechen, den es betrifft und dessen Verhalten die Emotion in uns ausgelöst hat.

Gib konstruktiv Feedback!

Reflektiere vorher, was genau in dir los ist, und sortiere es in drei Pakete:

Wahrnehmung:

» Was genau ist vorgefallen?
» Wie habe ich es beobachtet, was war meine Wahrnehmung?
» Um was geht es inhaltlich, was sind die Zahlen, Daten und Fakten?

Steigst du mit deiner Wahrnehmung in das Gespräch ein, kann es nicht eskalieren. Jeder hat das Recht auf seine eigene Wahrnehmung, sie wird daher nicht als Angriff empfunden. Durch die Schilderung deiner Beobachtung ist es automatisch ein ruhiger, sachlicher Einstieg in das Gespräch. Geh dann über zu Phase zwei:

Wirkung:

» Was hat dein Verhalten bei mir ausgelöst?
» Welche Emotion wurde geweckt, wie fühle ich mich damit?
» Wie hat dein Verhalten auf mich gewirkt?

Sehr oft kommt es hier schon dazu, dass der andere zurückrudert, denn häufig ist einem nicht bewusst, was man mit seinem Verhalten auslöst – und noch häufiger will man diese Emotion, in dieser Intensität, gar nicht auslösen. Komm dann direkt zu Phase drei:

Wunsch für die Lösung:

» Was wünsche ich mir?
» Welches Verhalten wäre in so einer Situation für mich hilfreich?
» Was könnte ich selbst in Zukunft anders machen?
» Wie könnte eine Lösung aussehen?

Meistens scheitern Lösungen daran, dass wir eine unerfüllbare Erwartung haben. Nämlich die, dass unser Wunsch zu hundert Prozent vom anderen akzeptiert und umgesetzt wird. Das ist in den meisten Fällen utopisch, denn ein anderer Mensch hat andere Wünsche und Bedürfnisse. Freue dich auch über fünfzig Prozent. Es sind fünfzig mehr als vorher. Freue dich über einen ersten Schritt. Du kannst in einem nächsten Gespräch immer noch nachlegen. Echte Win-win-Lösungen sind die, in denen die Interessen beider Seiten berücksichtigt werden. Genau dadurch haben sie die längste Haltbarkeit. Denke immer daran, der stärkste Mensch ist der, der keine Angst vor Gefühlen hat. Weder die Frau noch der Mann die/der ihre/seine Gefühle verdrängt und ablehnt, ist ein starker Mensch.

Sei Vorreiter – für das neue Miteinander

Da in den meisten großen Unternehmen der Typ »alter weißer Mann« an der Spitze steht, wird es sehr lange dauern, bis die Frauenquote greift. Ohne strikte Sanktionen tut sich da nicht viel, wie wir in den letzten Jahren beobachten konnten. Der Ball liegt auf der Seite der Politik, hier dauerhaft eine klare Kante zu zeigen. Erschwerend kommt hinzu, dass uns die Frauenquote allein nicht retten kann. Es besteht das Risiko, dass das Hauptkriterium für die Auswahl der Quotenfrau darin besteht, dass sie keine Gefahr darstellt: Man besetzt bewusst nicht mit der optimalen Expertise und hat weiterhin seine Ruhe in der Männerrunde. Die Frauenquote birgt aber noch eine weitere Gefahr: Es wird vielleicht jemand Fähiges ausgewählt, will diese Position aber gar nicht. Und wenn man eine Rolle, für die man keine Leidenschaft empfindet, spielen muss, kommen selten wegweisende Resultate zustande. Variante drei: Frau will die Position nicht, weil sie auf das politische Taktieren und Agieren in den Gremien keine Lust hat. Solange ausschließlich männliche Spielregeln gelten, muss man seine wertvolle Lebenszeit und Energie mit Machtspielchen verschwenden, um sich oben zu halten. Wer wach und fähig ist, geht lieber seinen eigenen Weg. Unternehmen lassen das menschlich große Potenzial brachliegen, solange nur die mit den stärksten Ellbogen, dem größten Killerinstinkt oder der klebrigsten Vetternwirtschaft an die Spitze kommen.

Die Transformation der Arbeitswelt kann nicht von oben ausgehen. Darauf sollten wir uns nicht länger verlassen. Es sind wir alle, die mächtiger sind, weil wir viele sind. Jeder kann da ansetzen, wo er und sie jetzt gerade wirkt, und einen Kulturwandel entfachen. Und zwar indem wir weibliche Qualitäten mehr und mehr einsetzen und in unseren Teams verstärken. Vorbild kann uns dabei die Generation Y sein: Sie trat von Anfang an mit der Forderung nach mehr Work-Life-Balance am Arbeitsmarkt an. Und das, ohne Leistung nachgewiesen zu haben. In der Männerwelt eigentlich undenkbar. Und doch hat es funktioniert – durch selbstbewusste Konsequenz. Die Generation Y hat einfach felsenfest zu ihrem Bedürfnis gestanden und hat die Unternehmen gewählt, die flexibel genug waren, Hierarchien, Strukturen und Regeln aufzubrechen. So hat der Arbeitsmarkt das Thema Work-Life-Balance selbst geregelt. Inzwischen ist es normal, dass es in Unternehmen viele unterschiedliche Arbeitszeitmodelle gibt, viele individuelle Lösungen, sodass jeder Job und Familie vereinbaren kann. Inzwischen haben sich die Elternzeit für Väter und, mit Corona als Katalysator, auch Homeoffice und Remote durchgesetzt – das Arbeiten von da aus, wo man es selbst als am produktivsten empfindet. Und genau so können wir auch ein neues Miteinander einfordern: indem wir das alte Verhalten von Konkurrenzkampf, gegenseitiger Übervorteilung oder einseitigem Gewinnstreben einfach nicht mehr mitmachen. Indem wir es als »alt« aufdecken und »neues« Verhalten konsequent einfordern. Jeder von uns kennt viele Facetten des alten Verhaltens. Viele tragen die Narben davon in sich: ein geringes Selbstwertgefühl. Angst, sich zu zeigen. Resignation, wenn es um das Ausleben von Gaben und Talenten geht. Jetzt ist die Zeit, aufzustehen. Jetzt ist die Zeit, sichtbar zu werden und das Zepter in die Hand zu nehmen. Es reicht nicht, das Weibliche in unserer Freizeit, in Hobbys und Retreats auszuleben, um dann wieder fünf mal acht Stunden Arbeitstage in männlichen Qualitäten auszuhalten. Es muss sich dafür auch nicht jeder selbstständig machen. Wir können in unseren Unternehmen neue Zeichen setzen. Wir können einfach mit einem neuen Miteinander beginnen. Wir können dafür sorgen, dass unser Unternehmen einen Beitrag für die Menschen leistet, für die Umwelt und für die Gesellschaft.

Der neue Sheriff heißt Zivilgesellschaft.

Es gibt viele Möglichkeiten, unsere Arbeitswelt zu einer besseren zu machen. Es gibt viele Möglichkeiten, dazu beizutragen, dass Unternehmenserfolg ganzheitlich ist. Gehöre nicht zu denen, die sagen: »Ich alleine kann ja nichts ausrichten!«. Gehöre zu denen, die sagen: »Ich leiste meinen Beitrag, denn er macht einen Unterschied«. Steh auf und zeig dich.

Das neue Miteinander in Unternehmen

+KOOPERATION+ Setz dich dafür ein, dass es in deinem Unternehmen ein Leitbild gibt – ein Commitment aller, wie ihr miteinander umgeht. So, dass es fair ist. Setz dich dafür ein, dass dieses Leitbild gelebt wird. Sprich positiv darüber. **+KOMMUNIKATION+** Wenn dich etwas stört, besprich es mit dem, den es betrifft. Kläre Themen, anstatt dich über sie aufzuregen. Verbreite und multipliziere nur Positives. Setz dich dafür ein, dass es Mitarbeiterbefragungen gibt. Und dass an allem, was nicht rundläuft, gearbeitet wird. **+EIGENVERANTWORTUNG+** Hole dir Feedback von Kollegen ein, arbeite an dir. Keiner ist fertig. Gib die Schuld nie anderen, schau, was dein Anteil war. Ändere das. Probiere Neues aus, neue Aufgaben, neue Zuständigkeiten. Übernimm Verantwortung, wachse. **+VERBINDUNG+** Neid und Missgunst haben in einem Team nichts zu suchen: achte darauf, dass du sie nicht säst. Integriere Kollegen, die ausgegrenzt werden. Hilf anderen aus dem Konkurrenzdenken heraus. Zeige Perspektiven, wie man sich ergänzen kann. Wähle stets Verbindung, nie Trennung. **+FÜRSORGE+** Schau, wo du Kollegen und Azubis unterstützen kannst. Befähige andere. Hilf ihnen, in ihre Stärke zu kommen. Binde stille Kollegen ein. Mach anderen eine Freude. **+ENTWICKLUNG+** Schau, wie du deine Gaben und Talente einbringen kannst. Lebe deine Stärken. Bring Vorschläge in deine Mitarbeitergespräche ein. Verlass deine Komfortzone, durchbrich Routinen. Bring dich in einen schöpferischen Modus. Erlaube dir Fehler. Lerne aus ihnen. Sei nie zu stolz, sie zuzugeben. **+HARMONIE+** Sorge dafür, dass der Informationsfluss stimmt. Rege Meetings und Gespräche an, wenn es Konflikte gibt. Baue Spannungen ab, löse Fronten auf. **+MOTIVATION+** Lass in Meetings dem die Bühne, der den besten Beitrag hat. Lobe andere, wenn sie es verdient haben. Vernetze Menschen miteinander. Gib deine volle Energie in Projekte, sei leidenschaftlich. **+INTUITION+** Beobachte andere Unternehmen, den Markt, Menschen. Spüre hin, welche Ideen du in deinen Bereich einbringen kannst. Welche Produkte, welche Mission, welche Ziele machen Sinn? Was fühlt sich richtig an? Was fühlt sich groß an? Sei inspirierend. **+DIENEN+** Engagiere dich für den Wandel. Wo gibt es Luft nach oben? Beim Angebot für den Nachwuchs? Braucht es mehr Schulungen, Coachings? Werde Mentor. Wie steht es mit eurem Engagement für die Umwelt? Könntet ihr eine Zertifizierung, ein Umweltsiegel anstreben? Könntet ihr Abfall reduzieren, Ressourcen schonen, Bäume pflanzen? Leite ein Projekt. Wie ist es mit eurem Engagement für die Gesellschaft? Gibt es Institutionen, Vereine, eine wichtige soziale Idee, die ihr unterstützen könntet? Übernimm eine Rolle. **+LIEBE+** Geh auf andere Menschen, ihre Bedürfnisse und Wünsche ein. Sei einfühlsam und trotzdem konsequent. Hilf anderen, zu wachsen. Sorge mit deinem Wirken dafür, dass dein Unternehmen einen Beitrag für Menschen, Natur und Gesellschaft leistet.

Schon der Flügelschlag

eines Schmetterlings in Brasilien

kann in Texas einen Orkan auslösen.

Edward N. Lorenz (1917–2008), Meteorologe

Zweiter Weg:
Nutze die Macht des Universums

Entdecke den Pfad zum Seelenfrieden

Was brauchst du, um glücklich zu sein? Oder besser gesagt: Wie findest du dein Glück? Stellt es sich ein, wenn du finanziell abgesichert bist? Wenn du dir genau den Wohlstand erschaffen hast, den du willst? Oder ist es doch die große Liebe, die dich erst wirklich glücklich macht? Irgendwie ist es mit dem Glück schwierig: Hast du das Eine, willst du das Andere. Hast du erreicht, wonach du gestrebt hast, kommt die Erkenntnis, dass dies nicht alles ist: Geld allein macht nicht glücklich, die Anerkennung anderer ist kurzlebig und auch von viel Freundschaft kann man nicht leben. Kein Aspekt ersetzt den anderen, je nach Situation ist uns dies oder jenes wichtiger. Wenn wir es erhaschen, das Glücksgefühl, hält es nur für einen Augenblick – bis sich neue Bedürfnisse und Wünsche melden. Wir bleiben gefangen im Hamsterrad der Jagd. Wir kämpfen, wir vergleichen, wir tun alles für einen klitzekleinen Glücksmoment. Kein Wunder, dass die Zahl der Glücksseminare und Happiness-Artikel förmlich explodiert. Es gibt stapelweise Bücher, voll mit Ratschlägen, wie jeder sein Glück maximieren kann. Es gibt endlos viele Angebote, die versprechen, uns glücklich zu machen: der Urlaubsort, an dem wir unser Glück finden werden, der Traumpartner, der uns wirklich glücklich macht, die Wellness-Auszeit, die uns Glücksmomente schenkt. Die Optimierung unseres Wohlergehens scheint das oberste Gebot unserer Zeit zu sein. Seit einigen Jahren kursiert die Empfehlung, man solle Glück zum Universalmaß machen. Doch Glück als gesellschaftliche Messlatte birgt eine große Gefahr: Wird es mit dem eindimensionalen Blick auf »mehr Konsumchancen« oder »eine größere Verfügbarkeit von Produkten und Genüssen« definiert, fördern wir den Hedonismus nur noch mehr. Schon für Märchenkönig Ludwig II. von Bayern war er Lebensprinzip. Doch bescherte es ihm ein erfülltes, glückliches Leben oder wurde es ihm zum Verhängnis? Sein prunkhafter, exzentrischer Lebensstil und seine Bausucht häuften so enorme Schulden an, dass er entmündigt wurde. Der Hedonismus als philosophische Strömung denkt dagegen einen Schritt weiter als die allgemeine Definition von Hedonismus als eine »nur an Genüssen orientierte egoistische Lebenseinstellung« (Wikipedia). Den antiken Philosophen ging es vielmehr um das Streben nach einem angenehmen Glückszustand und die vollkommene Seelenruhe. Bei Aristippos[11], dem Begründer des Hedonismus und Zeitgenossen von Sokrates, standen momentaner Lustgewinn und Schmerzvermeidung im Zentrum – jeweils als Übergangszustand zur Seelenruhe. Er unterschied dabei allerdings nicht zwischen den Lüsten. Erst Epikur[12], der wohl umstrittenste Philosoph seiner Zeit, differenzierte später vernünftige von unvernünftigen Genüssen. Die unvernünftigen brächten zwar einen kurzfristigen Lustgewinn, wirkten sich aber langfristig negativ auf die Seelenruhe aus, so Epikur. Dazu gehörten der ungezügelte Konsum von Drogen, Lustgewinn auf Kosten anderer oder übermäßiges Essen. Epikur setzte damit den Fokus erstmals auf eine langfristige Lebensplanung als Voraussetzung dafür, Seelenruhe als höchsten

Glückszustand erreichen zu können. Die Lust, die Epikur anstrebte, meinte in erster Linie die Abwesenheit von Schmerz und Leid, mit dem Ziel, ein »gelassenes Dasein in einem gesund erhaltenen Körper« führen zu können. Damit führt uns die frühe Philosophie größtenteils schon auf den Weg ins Innere, zum Seelenfrieden als größtem Glück – anstatt dieses im Außen, in Geld, Ruhm oder Macht zu suchen. Doch schien der Weg dahin nur dadurch möglich, jeglichen Schmerz zu vermeiden oder ihn durch Lustgewinn zu betäuben. Und so sind die Empfehlungen Epikurs wenig lebenstauglich: »Halte dich aus der Politik raus; werde kein reicher Geschäftsmann; verliebe dich nicht und heirate nicht.« So erspare man sich auch all den Stress mit eigenen Kindern. Das ist doch mal schön schlicht gedacht, heißt es doch: Nur indem du dich den Versuchungen der Macht und des Geldes sowie allen tieferen Beziehungen vollkommen entziehst, kannst du deinen Seelenfrieden finden. Mit anderen Worten: Vermeide es, zu leben! Vermeide jegliche Entwicklung. Und das, lieber Epikur, widerspricht ganz grundsätzlich den Naturgesetzen – es muss schiefgehen. Die Rettung kann nicht darin liegen, durch so viel Lustgewinn wie möglich dem Schmerz auf ewig zu entkommen. Die Rettung kann nicht darin liegen, dass wir tiefe Beziehungen oder eine Karriere in Wirtschaft und Politik vermeiden. Im Gegenteil: Sie liegt genau darin, Gefühle anzunehmen, auch die unangenehmen, auch den Schmerz. Denn nur indem wir Gefühle annehmen, können wir die Gründe für ihre Entstehung finden. Nur im Durchempfinden von Gefühlen und Emotionen können wir erkennen – und haben die Chance, den Sinn dahinter zu verstehen. Das Durchempfinden und Verstehen hilft, Gefühle aufzulösen und Wunden zu heilen. Indem wir lernen, uns bei einem ähnlichen Ereignis anders zu verhalten, reifen wir.

Es ist andersherum: Genau wenn du mitten in einem Konflikt steckst, genau im Moment deiner größten Wut oder Angst, liegt die Chance zur Transformation. Nämlich genau dann, wenn du gerade dazu neigst, aus deiner Komfortzone heraus in dasselbe Muster zu tappen wie sonst, aber dann innehältst und es anders tust als bisher. Wenn du den anderen eben nicht wütend anschreist, sondern es schaffst, deine Wut für dich selbst abzubauen und dann konstruktiv in ein Gespräch zu gehen. Oder wenn du eben genau nicht wieder in Angst kippst und den anderen kontrollierst, sondern es schaffst, im Vertrauen zu bleiben. Dann geschieht Transformation – das ist Entwicklung.

Das Leben selbst ist die Arena.

Je weniger wir von anderen Menschen oder Süchten abhängig sind, je mehr wir uns selbst lieben und es schaffen, uns selbst zu stärken, je mehr wir spüren können, dass wir mit allem verbunden sind – umso mehr kommen wir bei uns selbst an. Und in diesem Ringen mit uns selbst kommen wir ihm Schritt für Schritt näher, dem Seelenfrieden.

Vergiss das Märchen von der Ausruh-Inkarnation

Was passiert, wenn ein Baby auf die Welt kommt? Es entwickelt sich, ganz von alleine. Direkt nach der Geburt hat es klare Überlebensreflexe. Es sucht bei der Mutter nach der Brust und es schreit, wenn es sich nicht wohlfühlt oder ein Bedürfnis hat. Mit drei Monaten beginnt es, sich für seine Umgebung zu interessieren und dabei motorische Fähigkeiten zu trainieren. Zug um Zug entwickelt sich so das Gehirn. Ebenso selbstständig lernt es sitzen, krabbeln, sprechen und laufen. Der weit verbreitete Förderwahn der Eltern ist überflüssig – auch ohne PEKiP, Babyschwimmen oder Babygymnastik wird sich ein Kind in einer liebevollen Umgebung altersgemäß bewegen und verhalten. Die Entwicklung wird von Natur aus vorangetrieben. Wir können darauf vertrauen, dass sich Zellen teilen, dass wir wachsen oder dass sich unser Körper im Schlaf regeneriert. Genauso wie wir darauf vertrauen, dass aus Samen in der Erde im Frühling Pflanzen sprießen, im Sommer blühen und im Herbst Früchte tragen, um im Winter neue Kräfte zu sammeln. Alles folgt einem Rhythmus, alles ist ständig in Bewegung – nichts bleibt auch nur eine Sekunde stehen. Eine Pflanze verharrt nicht im Sommer, weil sie es gerade so schön findet und meint, prächtiger als alle anderen zu blühen. Ein Baum macht es sich nicht im Herbst gemütlich, weil er den Winter kalt und unangenehm findet. Der Rhythmus des Lebens ist ein Kreislauf aus geboren werden, sich entwi-

Sobald jemand in einer Sache

Meister geworden ist,

sollte er in einer neuen Sache Schüler werden.

Gerhart Hauptmann (1862–1946), deutscher Dramatiker und Autor ckeln, an Erfahrungen reifen – um gereift zurückzukehren. Wer bitte kam auf die Idee, dass wir hier sind, um uns auszuruhen? Dass wir mit dem Ziel inkarnieren, es uns so bequem wie möglich zu machen? Wir sind ein Teil der Natur. Auch für uns gelten die Naturgesetze und das heißt, auch für uns geht es um Reifung. Es gibt keine Ausruh-Inkarnation: Die Ereignisse in deinem Leben sind da, um dir als Erfahrung zu dienen. Es liegt an dir, sie zu nutzen.

Unser Weg ist gepflastert mit Lernaufgaben, die uns in Form von Ereignissen begegnen – in Gestalt von Menschen und Lebenssituationen, die herausfordernd sind. Sie sind da, damit wir daran lernen und innerlich reifen können. Oder sie sind die Rückwirkung einer Verschuldung und da, damit wir uns davon ablösen und ebenfalls daran reifen können. Fall nicht ins Drama wegen eines Ereignisses, bleib nicht in einer Situation stecken, denn es stehen noch viele, vielleicht noch viel wichtigere für dich an. Häufig können wir erst im Rückspiegel erkennen, wann ein Ereignis oder die Nichterfüllung eines Wunsches das Beste für uns und unsere Entwicklung war. Die Spielfelder, innerhalb derer wir uns entwickeln können, sind unsere zwischenmenschlichen Beziehungen, ist die Art und Weise, wie wir Geld verdienen oder Macht ausüben. Für dein Glück ist es essenziell, das Zusammenspiel der Gesetze, die in der Arena des Lebens gelten, zu verstehen. Dieses Wissen hilft dir, zu spüren, was für dich richtig ist. Es hilft dir, dich zu orientieren: Du wirst schneller aus Abhängigkeiten, Süchten und mentalen Programmen aussteigen können. Du wirst leichter verstehen, welchen Sinn Ereignisse in deinem Leben haben und worum es dabei wirklich geht. Du wirst dich über Hindernisse in deinem Leben nicht mehr aufregen, sondern dich interessiert auf sie als Erfahrung einlassen. Die Zeit, die du in der Arena verbringen darfst, ist begrenzt. Nutze sie weise. Gib deiner Existenz jenseits von Essen und Trinken, jenseits der neuesten Trends und der Glücksdiktatur einen Sinn.

Es liegt ganz einfach vor uns. Wir können es nur nicht erkennen, weil es so einfach ist. Denn wir sind darauf konditioniert, dass es für wichtige Erkenntnisse meist komplizierte Erklärungen gibt, die von einem Wissenschaftler oder hoch dotierten Menschen verkündet werden, dass es Studien dazu geben oder es zumindest viel Geld kosten müsste. Und vor allem: dass der Weg unserer Rettung über das Denken läuft, nicht über das Fühlen und Empfinden. Genau das ist unser Irrtum. Der Mensch nimmt sich selbst viel zu wichtig. Er bildet sich ein, er sei der Herrscher und Lenker aller Welten. Dabei brauchen wir nur hinschauen, wie alles um uns herum von ganz allein perfekt ineinandergreift: Das Zusammenspiel der Organe unseres Körpers, der Kreislauf des Wassers, das System unserer Planeten, der Rhythmus der Jahreszeiten – alle natürlichen Vorgänge sind unfassbar vollkommen. Alles läuft reibungslos ineinander, eben genau *ohne* unser Zutun, allein gesteuert durch die Naturgesetze, die Gesetze der Schöpfung.

Sie wirken fast unsichtbar um uns herum, aber in ihrem Wirken liegt die eigentliche Macht. Viel größer als die eines Kanzlers, Präsidenten oder Staatschefs oder als die Macht eines Wirtschaftsbosses, kirchlichen Amtsinhabers oder Influencers, an denen wir uns orientieren. Denn dieses Leben ist nur ein kurzer Abschnitt unseres eigentlichen Seins, Naturgesetze dagegen gelten immer. Sie wirken auch nach unserem irdischen Tod, in all unseren Inkarnationen (Leben) und in all den Zeiträumen dazwischen.[13] Sie wirken immer. Sie sind zu hundert Prozent selbsttätig. Sie sind der wahre Leuchtturm für unser Leben, sie sind die Leitplanken, die uns zur Orientierung dienen. All dein Vorankommen hängt davon ab, sie zu erkennen und dich ihrer Bewegung folgend in sie einzufügen, um vollständig in ihnen zu handeln. Denn sie wirken rund um die Uhr, ob wir es nun wollen oder nicht. Ob es uns bewusst ist oder nicht. Ob wir sie sehen können oder nicht, ebenso wie Schwerkraft, Magnetismus oder Radioaktivität. Sie sind unbestechlich. Sie sind es, die für einen Ausgleich von allem, was wir denken, sagen und tun, sorgen. Manchmal in direkter Auswirkung, manchmal als spätere Rückwirkung. Du kannst sie nicht beeinflussen, also kannst du auch Rückwirkungen nicht beeinflussen. Auch nicht, wenn du Allmachtsfantasien hast, wie man es bei manchen Politikern, Wirtschaftsbossen oder Personen des öffentlichen Lebens beobachten kann – ihre Macht ist begrenzt auf das rein Irdische, basta. Naturgesetze da-

Die wahre Größe liegt im natürlichen Geschehen.

Freiheit wird nicht

mit dem Streben nach Freiheit, sondern

mit dem Streben nach Wahrheit erlangt.

Freiheit ist kein Ziel,

sondern eine Folge.

Wenn du dich unfrei fühlst,

so suche die Ursache in dir.

Leo Tolstoi (1828–1910), russischer Schriftsteller

gegen wirken in der *gesamten Schöpfung*, auch in den geistigen Ebenen, zu denen dein Geist, deine Seele, nach dem Absterben des Körpers zurückkehrt.[13] Es gibt nur *einen* Weg, dein Leben und *alles danach* positiv zu beeinflussen: Erkenne die Mechanismen der Naturgesetze und nutze sie für dich.

Lass die Naturgesetze für dich wirken

Leider sind wir zu lange darauf reingefallen zu glauben, es existiere nur, was wir sehen. Doch denk mal an den Biounterricht, als wir unter dem Mikroskop die Zellteilung betrachteten, und daran, wie viel Leben sich in einem einzigen Tropfen Blut tummelt. Denk an die Schwerkraft, die bewirkt, dass alles nach unten fällt, oder an die Anziehung von tonnenschwerem Eisen durch einen Magneten. Obwohl wir magnetische Felder nicht sehen können, wirken sie. Biologie und Physik lehren uns, dass der viel größere Teil der Vorgänge in unserer Welt mit bloßem Auge nicht sichtbar ist. Weshalb kämpfen wir dann mit aller Macht dagegen an, zu akzeptieren, dass auch Gedanken und Empfindungen Wirkungen haben auf unsere Umwelt? Dass sie ausstrahlen? Wo es doch wesentlich dichtere Stoffe wie Kobalt, Nickel und Eisen schon tun? Weshalb fällt es uns so schwer, zu verstehen, dass auch Gedanken und Gefühle Energien sind, die sich in Form von Schwingungen wellenartig ausbreiten? Stell dir vor, dein Freund ist voller Wut, er sagt nichts, aber er denkt die ganze

Zeit »Ich will das nicht! Ich finde das unmöglich!« Was passiert? Die Information kommt bei dir an. Du spürst seine Ablehnung, du spürst die Spannung. Und manchmal überträgt sich die Information direkt als Gedanke und du übersetzt sie in: »ich glaube, du willst das gar nicht«. Energie geht nicht verloren. Ob du sie nun siehst oder nicht, sie ist da. Je feinfühliger und offener du bist, umso mehr Informationen nimmst du aus deiner Umgebung auf: Gedanken, Empfindungen oder Gefühle anderer. Die Information kann in Form von inneren Bildern, Farben, aber auch als klarer Gedanke oder als ein Gefühl bei dir ankommen. Natürliche Vorgänge generell als esoterisch abzutun, birgt eine große Gefahr: Das Wissen darüber, wie alles ineinanderwirkt, ist die Voraussetzung dafür, ein erfülltes und glückliches Leben führen zu können. Erst, wenn du weißt, was du mit Gedanken, Worten und deinem Handeln auslöst, kannst du dich so verhalten, dass die Wirkung eintritt, die du auch wirklich willst.

Das Gesetz der Gleichart

Eins der fundamentalen universellen Gesetze ist das Gesetz der Gleichart.[13] Demnach zieht Gleiches Gleiches an. Der Volksmund beschreibt das Phänomen mit »Gleich und Gleich gesellt sich gern«. Populär wurde eine Light-Version des Naturgesetzes durch den Film »The Secret« und dem darin beschriebenen Gesetz der Anziehung. Es besagt, dass sich die Gedanken- und Gefühlswelt eines Menschen auf seine äußeren Lebensbedingungen auswirkt. Im Umkehrschluss bedeutet das: Jeder Mensch kann allein durch eine Änderung seiner inneren Haltung zu einem Umstand im Außen eine Änderung dieses Umstandes herbeiführen. Jeder ist demnach selbst der Urheber, der durch seine Gedanken und Gefühle entsprechende Ereignisse in sein Leben zieht. Doch Erfolgscoaching und Lebensberatung haben das große Urgesetz hier lediglich auf den Teil reduziert, der darauf abzielt, seine eigenen Wünsche durch gezielte Ausrichtung der Aufmerksamkeit wahr werden zu lassen. Dabei ist unsere Verantwortung, die sich aus dem Gesetz der Gleichart ergibt, weit größer. Denn jeder Gedanke ist Energie. Nicht nur ein Wunsch. Ein Gedanke ist wie ein Bote, den wir in die Welt senden. Wir können ihn nicht sehen, aber er ist da. Jeder Gedanke, den wir erzeugen und aussenden, zieht Gedanken gleicher Art an oder wird von gleichartigen Gedanken angezogen, je nach Stärke des eigenen Gedankens. Gedanken anderer Menschen, die gleichartig sind, können also ganz ohne unser Zutun unsere eigenen Gedanken verstärken. Und unsere Gedanken verstärken wiederum Gedanken anderer, die gleicher Art sind. Ist nun der Gedanke eines anderen Menschen schon recht kräftig und drängt zur Umsetzung in Worte oder Taten, kann ein flüchtiger, gleichartiger Gedanke von uns der berühmte Tropfen sein, der das Fass zum Überlaufen bringt. Unser Gedanke fasst dann bei einem anderen Menschen Fuß und kommt durch ihn zur Umsetzung. Dadurch tragen wir als Erzeuger des Gedankens einen Teil der Verantwortung an der Handlung des anderen. Deine Verantwortung für deine Gedanken ist wesentlich größer, als dir vielleicht bewusst ist. Sicher ist dir das Phänomen an sich schon begegnet. Du sitzt in einem Meeting, denkst intensiv etwas – und ein anderer spricht es plötzlich aus. Oder: Du hast gerade etwas gedacht und plötzlich beobachtest du jemanden dabei, wie er damit anfängt, genau das zu tun. Ohne dass du es laut ausgesprochen hattest. Das, was wir denken, erzeugt immer eine Wirkung. Es ist Energie, die sich einer Wolke gleich verdichtet, indem Gedanken gleicher Art aneinander anheften. Jeder unserer Gedanken kann somit zur Auswirkung kommen, selbst wenn er für uns inzwischen nicht mehr wichtig ist oder wir ihn gar als unmoralisch verworfen haben.

Gedanken sind Boten, die wir in die Welt senden.

Du kannst mit jedem deiner Gedanken und mit jeder deiner Empfindungen aber auch an ein vorhandenes kollektives Bewusstseinsfeld andocken und es dadurch unbewusst stärken. In der Zeit der ersten Corona-Welle konnte man das kollektive Angstfeld sehr gut spüren. Da sehr viele Menschen Angstgedanken hatten, wurde es sehr mächtig. Wer nicht achtsam war und Ängste durch Medien oder Gespräche mit anderen Menschen in sich aufnahm, hatte kaum eine Chance. Die eigenen, anfangs vielleicht noch schwachen Angstgedanken dockten an ein riesiges kollektives Angstfeld an. Dadurch stärkten sie es ungewollt, aber noch schlimmer: Die eigenen Angstgedanken kamen um ein Vielfaches verstärkt zurück. Und so konnte die Angst bei einigen Menschen übermächtig werden. Das Fatale daran: Häufig gehen wir einer Berichterstattung auf den Leim, die statistische Daten verzerrt oder verkürzt darstellt. Dass da Angst entsteht, ist nur logisch. Nur wer es schafft, sich von solchen falschen Ängsten zu befreien, kann einer Massenhysterie erfolgreich widerstehen.

Komm in deine weibliche Kraft: Übung 6

Trainiere Gedankendisziplin!

Für dein Lebensglück ist es essenziell, geistig wach zu sein und bewusst mit deinen Gedanken umzugehen:

- Nimm nicht jeden Gedanken ernst, gib ihm nicht automatisch Raum zur Entfaltung, sondern betrachte erst, ob du ihn annehmen willst.
- Lerne, Gedanken nicht als *wahr* einzuordnen, nur weil sie da sind.
- Übe dich darin, Gedanken im Moment ihrer Entstehung wahrzunehmen und sie dann bewusst loszulassen, sie nicht weiterzudenken. Übe es *jeden Tag* für zehn Minuten, damit du die Technik im Ernstfall – wenn negative Gedanken beginnen, dich zu beherrschen – anwenden kannst. Stelle dir einen Wecker auf zehn Minuten, setze oder lege dich hin, atme ruhig, zähle deinen Atem: eins, zwei, drei ein; eins, zwei, drei aus, beobachte, welcher Gedanke kommt, und lass diesen ziehen. Weite den leeren Raum zwischen Gedanken eins und Gedanken zwei immer mehr aus.

» Prüfe immer, ob deine Gedanken fördernd sind, ob gutes Wollen dahinterliegt, wenn nicht, lass sie los, steige aus dem Thema aus.
» Frage dich: Worauf richte ich meine Gedanken und wohin sende ich sie?

Der bewusste Umgang mit Gedanken lohnt sich aber noch aus einem zweiten Grund, denn Gedanken lösen Emotionen, Stimmungen und Gefühle aus. Indem du Gedanken annimmst, entscheidest du darüber, wie du dich Sekunden später fühlen wirst. Einen Gedanken zu erkennen und zu entscheiden, ob du ihn anhalten und loslassen oder ihm Raum geben willst – ist einer der entscheidenden Hebel für ein glückliches Leben.

Lass deine Gedanken nie unbeaufsichtigt, denn sie erzeugen deine Gefühle, Worte und Taten. Gedankendisziplin ist die Voraussetzung dafür, sich glücklich und lebendig zu fühlen oder nicht. Es schafft die Grundlage dafür, dass du dich vom Außen distanzieren kannst, wenn du es brauchst. So, dass Ereignisse aus dem Außen es nicht schaffen, dich aufzuwühlen und verrückt zu machen, dich zu verwirren oder dir Angst einzuflößen. Krisensituationen sind eine gute Prüfung dafür, zu erkennen, wie bewusst du mit deinen Gedanken umgehen und für dein inneres Wohl sorgen kannst. Aber auch generell tragen wir eine große Verantwortung dafür, wie wir mit unseren Gedanken umgehen.

Kein Gedanke wohnt mietfrei in deinem Kopf.

T. Harv Eker (*1954), Autor, Motivationstrainer
und Generaldirektor von Peak Potentials

Erkenne: Mit dem, was du aussendest, bist du kreativ. Immer. Denn du sendest ein Programm. Ist es erhebend, erbauend, bereichernd? Oder ist es ein Programm des Grolls, des Ärgers, des Neids, ist es vorwurfsvoll und schuldzuweisend? Mit deinem Denken setzt du eine Ursache und erzeugst eine Wirkung – in dir und in der Welt. Sei eine gute Ursache.

Das Gesetz der Wechselwirkung

Doch dies ist nur die eine Seite der Medaille. Die andere betrifft die Wirkung deiner Gedanken auf dein zukünftiges Leben. Jeder von uns erzeugte Gedanke ist, einem unzerreißbaren Faden gleich, immer in Verbindung mit uns.[13]

Deine Gedanken haben die Macht, die Welt zu gestalten.

Du schickst ihn los, aber er bleibt mit dir als Urheber verbunden. Er zieht andere Gedanken an und kehrt zu dir zurück – beladen mit allem, was er an Gleichart angezogen hat. War es ein guter, aufbauender Gedanke, kommt er umso bestärkender zu dir zurück: Eine Vielfalt an positiven, erhebenden Gedanken strömt dir zu, du fühlst dich inspiriert, bekräftigt und gestärkt – du blühst auf. War es ein destruktiver Gedanke, kommt er umso belastender zu dir zurück: Eine Vielfalt an negativen, zerstörerischen Gedanken strömt dir zu, du spürst, wie schwere Energien sich in dir verstärken, dich runterziehen oder Kraft kosten. Du brauchst nicht mehr grübeln, weshalb du in düsterer Stimmung bist, deine Gedanken haben eine Ursache gesetzt und die entsprechende Wirkung erzeugt, das ist alles. Es liegt vollkommen in deiner Hand: Sendest du freudige, liebevolle und fördernde Gedanken – kommen Freude, Wertschätzung und Liebe zu dir zurück. Sendest du aggressive, wütende und hassvolle Gedanken – kommen Aggression, Wut und Hass zu dir zurück. Das ist so einfach, dass man sich wundert, weshalb so viele Menschen im Verhalten von Konkurrenz, Kampf und Aggression verharren. Mit fatalen Folgen, denn in diesen geistigen Vorgang webt sich zusätzlich das Gesetz der Wechselwirkung ein. Es ist das universelle Gesetz von Ursache, Wirkung – und Rückwirkung.

Was war, ruft das hervor, was ist, und das, was ist, ruft das hervor, was sein wird.

Um das Gesetz der Wechselwirkung zu verstehen, stell dir am besten einen Bauern vor: Wenn er Weizen aussät, erntet er Weizen. Auch wenn er sich noch so sehr wünscht, gleichzeitig Roggen und Gerste zu haben – er erntet Weizen. Wenn er Apfelbäume pflanzt, erntet er Äpfel. Auch wenn er es sich bis zum Herbst anders überlegt hat und jetzt doch lieber Birnen hätte. Vielleicht weil sein Nachbar so köstliche Birnen hat. Vielleicht, weil Birnen inzwischen viel mehr Gewinn bringen. Es nützt nichts. Der Bauer erntet haargenau das, was er gesät hat – und oft ein Vielfaches davon. Man sagt, eine durchschnittliche gute Apfelernte entspricht tausend Kilogramm Äpfel pro Baum. Der Bauer kann es als Ungerechtigkeit empfinden, er kann wütend sein – es ändert nichts am uralten Prinzip von Ursache, Wirkung und Rückwirkung. Du erntest, was du säst. Alles, wofür du eine

Ursache setzt, und sei es nur ein Gedanke, erzeugt eine Wirkung und auch immer eine *Rückwirkung zu dir*. Bei jedem Denkvorgang, bei jedem Wort, das du aussprichst, und bei allem, was du tust. Immer. Naturgesetze arbeiten ohne deine Anweisung oder gar Erlaubnis. Sie wirken immer, egal ob unser Ego es nun will oder nicht. Es sind die Gesetze der Schöpfung: Sie waren vor uns da, sie werden nach uns da sein. Es ist klüger, sie anzuerkennen. Ursache und Wirkung sind uns allen geläufig, aber die für uns am stärksten und oft schmerzhaft auftretende Rückwirkung ist vielen unbekannt. Daher wird sie nicht als solche und vor allem nicht als selbsterzeugt erkannt. Wir können uns nicht vorstellen, dass manche Ereignisse oder sogenannte Schicksalsschläge Rückwirkungen sind. Denn unser Ego ist bei einer Handlung viel mehr daran interessiert, den sichtbaren, persönlichen Nutzen für sich selbst herauszufinden. Daher lässt es die Wirkung auf andere und die noch lästigere Rückwirkung gern unter den Tisch fallen. Es braucht geistige Regsamkeit, um stärker zu sein als das Ego und die langfristigen Folgen der Rückwirkung zu überdenken. Um dann ein geplantes Handeln vielleicht zu unterlassen oder Worte so zu formulieren, dass sie niemanden verletzen.

Eins ist sicher: Wenn wir uns des Naturgesetzes von Ursache, Wirkung und Rückwirkung wirklich bewusst wären, würde es keine persönlichen Angriffe, Intrigen, Diskriminierung oder gar Mobbing geben – einfach deshalb, weil man sich selbst keinen Schaden zufügen will. Denn was passiert, wenn ich neidvolle Gedanken habe, wenn ich jemanden täglich unter Druck setze, Gerüchte über ihn verbreite oder mit meinen Worten angreife? Ganz genau, es kommt wechselwirkend zu mir zurück: Ich als Täter erzeuge negative Gedanken, dies zieht andere negative Gedanken an und strömt verstärkt zu mir zurück. In mir entstehen noch mehr Wut, Aggression und Hass: Ich suche nach Fehlern des anderen, interpretiere sein Verhalten falsch, fühle mich durch alles an ihr beziehungsweise ihm gestört, obwohl andere Kollegen in der gleichen Situation ganz entspannt bleiben. Die Folge: Ich reagiere noch aggressiver, böswilliger oder intriganter. Ich will den anderen vorführen, besiegen, schlage härter um mich, als es der Situation angemessen ist. Die Wirkung: Kollegen, Freunde oder Partner ziehen sich zurück. Ich habe andere ausgegrenzt, jetzt bin ich plötzlich selbst isoliert. Ich habe sozialen Druck verbreitet, plötzlich werde ich selbst infrage gestellt. Es ist ein Teufelskreis. Sehr oft führt Mobbing nicht nur dazu, dass das Opfer das Arbeitsverhältnis beendet, sondern rückwirkend auch der Täter gehen muss. In den meisten Fällen verschlechtert sich die Stimmung im Team dauerhaft und hat rückwirkend Effekte auf den Urheber. Zeitversetzt kommen belastende Schuld- und Schamgefühle als Rückwirkung hinzu. Vielleicht klappt dann genau dadurch die eigene Bestleistung nicht, vielleicht klappt dann die geplante Beförderung nicht, vielleicht fühlt man sich irgendwann selbst gemobbt. Die Rückwirkung kommt immer. Es liegt an dir, ob du eine destruktive

Nichtwissen schützt vor Rückwirkung nicht.

oder eine aufbauende Richtung für dein Handeln wählst. Jeden Tag. Es liegt in deiner Hand, nur das zu säen, was du auch wirklich ernten willst.

Für viele Menschen ist der Maßstab dessen, was sie für wahr und möglich halten, das, was sie sehen können oder was beweisbar ist. Dieser Glaubenssatz ist gefährlich, denn Rückwirkung ist geistig. Die Ursache, die du als Gedanke und Empfindung in die Welt setzt, ist geistig – nach dem Gesetz der Gleichart kann die Rückwirkung nur geistig sein.[13] Es kann keiner vorbeikommen und dich warnen. Es kann dir keiner sagen, wann es so weit ist. Du kannst mit keinem über die Rückwirkung verhandeln. Das macht die Vorgänge für uns schwerer durchschaubar, ja, aber das Gute daran ist: Genau dadurch sind sie nicht manipulierbar oder gar käuflich. Darin liegt ihre Macht. Es ist egal, wer du bist, wie du heißt oder was du besitzt – du erntest, was du säst.

Komm in deine weibliche Kraft: Übung 7

Kommuniziere bewusst!

Fast täglich kommt es in Coachings vor, dass sich der eine über das Verhalten des anderen aufregt. Egal ob im Business oder privaten Kontext, die Kommunikationsmuster sind die gleichen: Partner A sagt: »Weil mein Mann in seine Stammkneipe geht, meckere ich«, Partner B sagt: »Weil meine Frau meckert, gehe ich in meine Stammkneipe«. Und so geht es immer weiter, sie antwortet: »Ja, aber *weil du* in die Stammkneipe gehst, meckere ich.« Er sagt: »Ja, aber *weil du* meckerst, gehe ich.« Fazit: Jeder macht das Verhalten des anderen für sein eigenes Verhalten verantwortlich. Es ist und bleibt ein Teufelskreis. Beachte, dass du mit jeder deiner Reaktionen die Ursache für das Verhalten des anderen setzt: Deine Reaktion ist der Auslöser für die Reaktion des anderen. Du kannst wählen, mit Angst zu reagieren oder mit Liebe. Du kannst wählen, mit Trennung zu reagieren oder mit Verbindung. Beobachte in den nächsten Tagen:

» Wie reagiere ich und was löse *ich* damit beim anderen aus?
» Welche Ursachen setze *ich* durch meine Kommunikation?
» Was passiert, wenn *ich* anders reagiere als bisher?
» Was wird dadurch alles möglich?
» Wie fühlt sich mein neues Verhalten an?

Beginne, aus dem Teufelskreis auszusteigen: Höre auf, das Verhalten des anderen für deine Unzufriedenheit verantwortlich zu machen. Du bist der Schöpfer deiner Umstände: Verhalte du dich anders und erzeuge damit die Wirkung, die du willst. Alles, was du schickst, kommt in vielfacher Weise zu dir zurück. Gib immer das, was du empfangen möchtest: Wenn du Liebe empfangen möchtest, dann fang an zu lieben, wenn du Harmonie empfangen möchtest, dann beginne, Harmonie auszustrahlen, wenn du in Verbindung sein möchtest, dann baue Verbindung auf.

Wähle stets Bewegung!

Wir sind mit dem Geistigen verbunden, auch wenn es viele Ebenen über der Grobstofflichkeit, der groben, dichten Materie, in der wir leben, liegt. Jeder von uns trägt einen Geistfunken, ein Fünkchen Seele in seinem Herzen in sich. Es ist wichtig, hier zu unterscheiden, denn oft wird für den Verstand der Begriff »Geist« verwendet. Das führt zu Verwechslungen, da man denken könnte, allein durch Meditation, also Gedankenstille, in die Verbindung mit dem Geistigen zu kommen. Aber diese Verbindung erfolgt nicht über unseren Kopf oder mental, sondern über die Ausstrahlung des Geistfunkens in unserem Herzen – denn nach dem Gesetz der Gleichart kann nur gleichartige Materie miteinander in Verbindung gehen.[13] Unser Gehirn ist grobstofflich, es kann sich nicht mit der viel lichteren Materie des Geistigen verbinden. Oft erlebe ich Menschen, die frustriert sind, dass sie sich trotz vieler Jahre Meditation nicht mit dem Geistigen verbunden fühlen. Gedankenstille ist das eine, aber Voraussetzung dafür, sich mit der hohen Ebene des Geistigen zu verbinden, ist deine innere Absicht, die du über deine Empfindung aus deinem Herzen sendest. Das Geistige reagiert auf deine Herzausstrahlung. Damit dieser Vorgang stattfinden kann, muss es in dir still sein, muss das Außen abgeschaltet sein. Solange uns Bedürfnisse, Wünsche und Ziele im Kopf herumschwirren, sind wir abgelenkt, ist unser Kopf voll. Erst in der Gedankenleere sind wir bereit, zu empfangen: Inspiration, Einsichten, geistige Kraft. Erst, wenn du nicht mehr zulässt, dass dein Kopf das Geistige ständig als esoterischen Kram abwertet, machst du den Weg frei für deinen Geist. Sobald du in dein Herz gehst, in die Empfindung, wirst du die magnetische Verstärkung sofort spüren, denn sie ist selbsttätig. Probiere es einfach aus. Wenn du in dir eine Sehnsucht spürst, einen Drang des Suchens nach Wahrheit, ist die Zeit reif, täglich in die geistige Verbindung zu gehen. Darüber hast du Zugriff auf alle Antworten. Der Geistfunken in deinem Herzen ist dein lebendig schaffender Geist, er ist der Kern deiner Seele. Hier entspringt der innere Drang zur Entwicklung, zur weiteren Bewusstwerdung. Dieser Drang ist der natürliche Vorgang, das ist, was richtig ist. Sich damit abzufinden, wie etwas ist, auch wenn es dich nicht weiterbringt oder unglücklich macht, heißt aufzugeben und der Bequemlichkeit zu verfallen. Das ist, was falsch ist. Achte darauf, dass dein Geistkern nicht hinter Mauern schmerzlicher Erfahrungen, Verbitterung oder Frust verschüttet und erstarrt ist. Falls es aber so ist, ist es deine Aufgabe, ihn zu beleben und zu befreien. Dazu muss er in Schwingung kommen, denn alles um uns herum ist in ständiger rhythmischer Bewegung, alles schwingt. Das Gesetz der Bewegung ist ein Naturgesetz. Ist die Schwingung um dich herum viel stärker als in dir, bist du innerlich erstarrt, wirst du dich selbst erschöpfen und über kurz oder lang erkranken. Nur wenn dein Eigenschwingen, dein Wachsein, harmonisch mit dem Schöpfungsschwingen ist, fühlst du dich frisch und lebendig, bist gesund. Vielleicht ist dir schon aufgefallen, wie viele Menschen, die auf ihre Rente warten, um in den Ruhestand zu treten und es sich endlich behaglich zu machen, recht kurz nach dem Renteneintritt sterben. Und wie viele Menschen, die jeden Tag für ihren Lebensunterhalt sorgen müssen, die sich stets um andere kümmern, die Ziele haben, rüstig bis ins hohe Alter bleiben. Unser Geistesschwingen wird erzeugt durch ein Ziel, das den Geist bewegt.[13] Ein lebendiges Ziel, kein schlicht irdisches: ein Ziel, das fördernde Werte in sich trägt, das deiner Entwicklung dient, das anderen Menschen, der Natur oder Umwelt einen Nutzen bringt. Immer, wenn ein Ziel fördernd für die Schöpfung ist, ist es lichtvoll – und hält deinen Geistfunken in Schwingung. Genau dafür hast du ihn erhalten. Du bist da, um der Schöpfung zu dienen. Das Leben deines Geistes liegt in deinen Händen – verliere keine Sekunde, ihn lebendig zu halten.

Wer sich nicht selbst bewegt, wird bewegt.

Verwechsle den Zustand von innerer Erstarrung nicht mit dem von innerer Stille. In der Stille bist du im tiefen Vertrauen, im Frieden mit dir selbst: Sie fühlt sich weich und weit an, freudig und lebendig, die Energie fließt. Im Zustand der Erstarrung fühlt sich der Raum um dich begrenzt an, es geschieht kein Austausch mit dem, was um dich ist. Oft gehen Gefühle von Angst, Schmerz oder Anspannung damit einher. Auch dieser Zustand darf sein, es ist nur wichtig, daran zu arbeiten, ihn nach und nach aufzulösen und wieder weicher, fließender zu werden.

Das Gesetz der Schwere

Nach dem Gesetz der Schwere[13] steigt alles Lichte und Reine nach oben, alles Schwere, Belastete und Dunkle sinkt nach unten. Bleibst du in negativen Empfindungen oder düsteren Gedanken von Neid, Missgunst oder Ärger verhaftet, sinkst du geistig nach unten. Hast du aber für dich wichtige, erhebende Gedanken, nicht sprunghafte, oberflächliche, die sich recht bald auflösen, sondern Gedanken, die durch die Kraft deiner geistigen Empfindung genährt und in dir gereift sind, sind diese stark magnetisch und ziehen alles Ähnliche an. Durch diese Kräftigung dringen sie in höhere Sphären und erhalten Zufluss höherer Gedanken – das ist wirkliche Inspiration: Du erschaffst dann mit Gedanken, die schon da sind, durch die Verdichtung mit deinen Gedanken eine neue Form, du kreierst. Es ist immer universelle Kraft da, die dich stärken kann. Es ist immer universelle Kraft da, die dir helfen kann. Es hängt nur davon ab, welche Gedanken und Empfindungen du sendest: wie licht und rein diese sind, wie intensiv und kräftig. Durch dein Empfinden kannst du hohe geistige oder gar göttliche Kraft lenken und für deine Werke als Verstärkung nutzen. Du kannst Schöpferkraft zum Guten oder zum Schlechten lenken. Verstehst du die Dimension? Die Dimension deiner Verantwortung, in dem, was du denkst, sprichst und tust? Handle weise. Die universelle Kraft ist dazu da, aufbauend und fördernd eingesetzt zu werden, und zwar für die gesamte Schöpfung – auch für Pflanzen, Naturwesen und Tiere. Achte darauf, dass dein Denken nicht unbewusst abläuft und du etwas kreierst, was anderen und dadurch zeitversetzt dir selbst schadet. Denn mit allem, was du denkst, sprichst und tust, erschaffst du Werke, die eine Auswirkung auf dich haben. Wir sind ein Teil der Schöpfung, wir stehen nicht darüber – auch wenn wir eine Kraft lenken dürfen, die weit über der Schöpfung steht. Wir sind ein Teil der Schöpfung und haben uns in sie einzufügen, den für uns vorgesehenen Platz einzunehmen. Wir dürfen hier unsere Erfahrungen machen – im Ausgleich dafür haben wir einen klaren Auftrag: der Schöpfung zu dienen und nicht wie bisher vor allem uns selbst.

Mein Weg zu den Naturgesetzen

Vielleicht war es für mich einfacher, das Wissen um die Naturgesetze aufzunehmen. Sie zu prüfen und diesen Prozess durchzuhalten, ohne zwischendurch entnervt abzubrechen. Ich hatte keine Vorbehalte oder Vorurteile, denn ich hatte noch keine Meinung dazu – ich war ganz offen. Ich bin in der ehemaligen DDR aufgewachsen, ich gehöre keiner Konfession an. Ich habe in meiner Kindheit nicht die fertigen Anschauungen einer Religion übernommen, ich habe nie deren Konzepte, Dogmen oder Rituale gelebt und verinnerlicht. Ich habe keinen Vertreter der menschengemachten Kirche in meinem Kopf. Ich konnte das Wissen um die Naturgesetze einfach annehmen, in mir hat nichts dagegen angekämpft. Alles, wovon ich geprägt wurde, die Glaubenssätze der Diktatur des Proletariats, die Ideen des Sozialismus und Kommunismus, ist in sich zusammengebrochen. Zwischen meinem siebzehnten und achtzehnten Lebensjahr erlebte ich den Reset meines Mindsets. Ich stellte all meine Glaubenssätze infrage, denn die Philosophie des Sozialismus hatte sich in der Praxis als untauglich erwiesen. Wenn man einmal erlebt hat, wie sich alles, woran man geglaubt hat, wie sich alles, worauf man jahrelang eingeschworen wurde, plötzlich als Irrtum herausstellt, wird man vorsichtiger damit, andere für sich denken zu lassen. Mit dem Fall der Mauer habe ich gelernt, dass nur eins zählt: Übernimm die Verantwortung für dein Leben. Glaube nicht etwas, was dir andere schillernd verkaufen, mach nichts einfach nur mit. Verfalle nie in Trägheit, allein rigoroses Prüfen und Abwägen kann dir helfen: Nutze deinen Verstand, vertraue deinen Empfindungen, schau hinter die Kulissen und mach vor allem eins: deine eigenen Erfahrungen. Die Wende war für mich ein großes Geschenk. Ich brach mein Studium ab, packte meinen Rucksack und machte mich auf den Weg, nach der Wahrheit zu suchen. Ich wollte mehr verstehen als ein anderes Wirtschaftssystem, den Kapitalismus oder die Finanzindustrie. Ich wollte wissen, was die großen Zusammenhänge im Universum sind, wie die Schöpfung funktioniert. Worauf es wirklich ankommt und worum es wirklich geht im Leben. Ein braver Anhänger einer von Menschen gedachten Theorie zu sein, kam für mich nicht mehr infrage. Der Menschengeist scheint mir sehr schwach, denn letztendlich strebt der Mensch unabhängig von Wirtschaftsordnung, Religion oder Nationalität doch schlicht nach Einfluss, Macht, Status und Bequemlichkeit. Ich stieß auf die Naturgesetze und begann, sie zu ergründen. Ich prüfte kritisch, was ich dabei empfand. Fühlte es sich wahr an? Fühlte es sich richtig an? Ja. Kann ich es spüren und beobachten, während ich im Alltag denke, spreche und handle? Ja. Kann ich es jeden Tag bei anderen Menschen, in Situationen in Unternehmen erleben, bestätigt es sich? Ja.

Der Systemwechsel, der uns bevorsteht, ist ein Machtwechsel. Die neue Macht besteht nicht mehr in der Herrschaft des Kapitals, der Herrschaft über andere Menschen oder so viel Land wie möglich. Die neue Macht besteht in der Wiedervereinigung mit den ewigen Gesetzen des Lebens. Sie wird von Menschen ausgehen, deren Ziele aufbauend und fördernd sind, deren Streben dem Ganzen dient. Menschen, die aus dem Wissen heraus handeln, dass alles miteinander verbunden ist, und die die Fähigkeit haben, eine neue Kultur des Miteinanders zu erschaffen – ein Miteinander der Ausgewogenheit im Leben von Mensch und Natur und zwischen Mann und Frau.

Alles eine Frage des Motivs

Achte darauf, dass bei allem, was du denkst, sagst oder tust, gutes Wollen als Motiv dahintersteht. Egal wie eine Sache, dein Vorhaben oder dein Projekt ausgeht, ob es erfolgreich ist oder nicht, entscheidend ist das Motiv dahinter. Diese Energie ist die geistige Kraft. Handelst du aus dem guten Wollen heraus, kann es keine negativen Rückwirkungen geben. Dadurch befreist du dich davon, dir immer wieder neue Hindernisse zu kreieren. Zusätzlich erzeugt die Kraft des ehrlichen, guten Wollens eine positive Gegenströmung[13] zu all dem, was bereits als Rückwirkung initiiert ist. Der unsichtbare Kraftstrom positiver Gedanken und Empfindungen wirkt wie ein Magnet und zieht gleichartig Gutes an. So bekommt er auf seinem Weg immer mehr Kraft und hilft dir wie ein Schutzschild, schwere und dunkle Energien abzumildern.

Ein tief empfundener Wunsch zum Guten erfährt immer geistige Stärkung.

Die gute Nachricht ist: Die Auswirkung der Naturgesetze kann nur vom innersten Zustand des Menschen bewegt werden. Jeder hat also selbst die volle Macht. Kein anderer kann eingreifen. Alles hängt von der in dir befindlichen geistigen Kraft deiner Empfindungen ab: Nur dein Wollen, deine Empfindung, ist die Ursache dafür, was sich für dich feinstofflich entwickelt. Handle immer aus dem guten Wollen heraus – wenn du ehrlich Gutes willst, befreist du dich Schritt für Schritt. Erkenne, wie machtvoll du bist. Genieße deine geistige Kraft. Spüre, wie erfüllend Wechselwirkung sein kann, denn sie schenkt dir vor allem eins: glühende Lebensfreude.

Was tun, wenn du Angst vor Rückwirkungen hast?

Angenommen, es ist so, dass du noch viel auszugleichen hast. Vielleicht fallen dir Situationen ein, in denen du Konflikte geschürt oder Grenzen anderer verletzt hast. Mach dir darum keinen Kopf. Geschehen ist geschehen und es ist menschlich, Fehler zu machen. Keiner verlangt, dass wir perfekt sind. Fehler gehören zur Entwicklung dazu. Jeder ist mal fies, aggressiv oder rachsüchtig. Die Trotzphasen als Kind oder die Rebellion als Teenager sind nützlich, um sich abzugrenzen und ein eigenständig denkender Mensch zu werden. Auch als Erwachsener schafft man es nicht immer, sich erwachsen zu verhalten, und kippt in dieses Verhalten zurück. Es ist ein langer Weg, bis wir bei Themen, die uns triggern, nicht mehr postwendend in die gelernten Reaktionsmuster von Abwehr, Angriff oder Trotz fallen. Also sammeln wir alle Stoff an, der durch Rückwirkungen das Vorankommen auf dem geistigen Weg verzögert. Sag dir einfach: Komme, was wolle, ich fange einfach an. Ich versuche, nicht mehr neuen Stoff anzusammeln, und ich löse ab, was auch immer da ist. Damit kommst du raus aus der Opferhaltung von Bedenken, Zweifeln oder lähmender Angst. Geh ins Vertrauen. Das Vertrauen, dass das gute Wollen dir hilft und du alles schaffen kannst. Lerne, deine automatisiert ablaufenden Reaktionen zu durchbrechen. Denn in der Regel löst ein Reiz aus dem Außen, der etwas in uns triggert, eine bestimmte Art von Reaktion bei uns aus. Eine Art der Reaktion, die uns bisher geholfen hat, damit umzugehen.

Wenn diese nicht mehr hilfreich für dich ist, wenn sich Situationen dadurch eher verschlimmern, ändere es.

Wer kennt das nicht: Dein Kind hat wieder nicht sein Zimmer aufgeräumt und das macht dich so wütend, dass du schreist. Und das, obwohl du nicht mehr schreien wolltest. Dein Automatismus ist stärker. Oder: Im Meeting greift dich ein Kollege an, in dir steigt Wut hoch und du schießt zurück. Und das, obwohl du dir fest vorgenommen hattest, dieses Mal sachlich zu bleiben. Oder: Deine Partnerin beziehungsweise dein Partner möchte mit dir über einen Vorfall sprechen, der dir unangenehm war, und du findest das richtig, ergreifst kurz vorher aber doch die Flucht. Es ist schwer, mitten in einer starken Emotion den Automatismus der gewohnten Verhaltensweise zu unterbrechen, denn Emotionen haben im inneren System Vorrang. Vorrang vor dem Denken. Eigentlich logisch, denn im Anblick des Säbelzahntigers hat uns Denken nicht viel geholfen. Von den Menschen, die angefangen hatten, darüber zu grübeln, wer stärker oder schneller ist, stammen wir nun mal nicht ab. Evolutionär betrachtet haben wir durch drei Verhaltensweisen überlebt: Angriff, Flucht oder Starre (Totstellen). Daher sind diese Verhaltensmuster fest in unserer DNA verankert. Löst ein Reiz eine starke Emotion in uns aus, fallen wir oft in diese Automatismen zurück. Automatismen sind wie eine vierspurige Autobahn, die du in deinem neuronalen Straßennetz benutzt – dein neues Verhalten ist dagegen wie ein Feldweg. Erst, wenn du diesen oft benutzt und ausbaust, wird er zu einer neuen Autobahn in deinem Gehirn. Es hilft also nur eins: bewusstes Wahrnehmen, was gerade in dir passiert, und bewusstes Gegensteuern. Fakt ist, dass du den Reiz aus dem Außen nicht ändern kannst, denn du kannst andere Menschen nicht ändern. Sie machen, was für sie richtig ist. Du kannst einzig und allein ändern, wie du auf den Reiz *reagierst*.

Komm in deine weibliche Kraft: Übung 8

Unterbrich deine Muster!

» Wenn der Reiz kommt und eine Emotion in dir hochkocht, halte innerlich an. Hier liegt der Moment der Wahl. Deiner Wahl eines neuen, anderen Verhaltens. In diesem Moment kannst du entscheiden, aus welchem Motiv heraus du antwortest. Dein freier Wille kann über die Art deiner Reaktion entscheiden. Aber da es dein freier Wille ist, trägst auch du die Verantwortung für die Rückwirkung.

» Nimm die Emotion wahr, benenne sie innerlich (zum Beispiel Wut) atme kurz ein (eins, zwei, drei) und lang aus (zähle bis sechs), wiederhole das sechs bis acht Mal. Dadurch springt dein Parasympathikus an, dein inneres Bremssystem, und dein Gehirn schüttet Beruhigungshormone aus. Sind die in der Blutbahn, fährt dein vegetatives Nervensystem runter. Steige dafür vielleicht kurz aus der Situation aus: Mach das Fenster auf, geh ein paar Schritte, hol dir ein Glas Wasser.

Anhalten darf man immer, niemand ist verpflichtet, direkt etwas sagen zu müssen. Aber wir sollten uns auch nicht wortlos umdrehen und gehen. Atme bewusst. Indem du die Emotion innerlich benennst, erkennst du sie an und dadurch baut sie sich ab.

» Warte, bis sich dein Gehirn wieder zugeschaltet hat, sortiere deine Gedanken und gehe dann ruhig und klar ins Gespräch (siehe Übung 5). Lege offen, wie das Verhalten des Anderen gerade bei dir ankommt, was es bei dir auslöst und wie du es dir in Zukunft anders wünschst. Damit hast du deinen Automatismus durchbrochen. Das kannst du feiern, du bist einen riesigen Schritt weiter!

Lass dich nicht entmutigen, das eigene Reiz-Reaktions-Schema zu unterbrechen, ist eine der schwierigsten Aufgaben und doch die wichtigste für dein Wachstum. Denke immer an die Geschichte von Beppo, dem alten Straßenkehrer.[14]

Der alte Straßenkehrer Beppo verrät seiner Freundin Momo sein Geheimnis. Das geht so:
»Manchmal hat man eine sehr lange Straße vor sich. Man denkt, die ist so schrecklich lang; das kann man niemals schaffen, denkt man. Und dann fängt man an, sich zu eilen. Und man eilt sich immer mehr. Jedes Mal, wenn man aufblickt, sieht man, dass es gar nicht weniger wird, was noch vor einem liegt.

Und man strengt sich noch mehr an, man kriegt es mit der Angst zu tun und zum Schluss ist man ganz außer Puste und kann nicht mehr. Und die Straße liegt immer noch vor einem. So darf man es nicht machen. Man darf nie an die ganze Straße auf einmal denken, verstehst du?
Man muss immer nur an den nächsten Schritt denken, an den nächsten Atemzug, an den nächsten Besenstrich. Dann macht es Freude; das ist wichtig, dann macht man seine Sache gut. Und so soll es sein.
Auf einmal merkt man, dass man Schritt für Schritt die ganze Straße gemacht hat. Man hat gar nicht gemerkt wie, und man ist nicht außer Puste. Das ist wichtig.« (Michael Ende »Momo«)

Vergrößere dein Spielfeld

Gehörst du zu den Menschen, die vor Familienfeiern Bauchweh haben, weil sie auf bestimmte Verwandte treffen? Oder zu denen, die in ihrem Unternehmen darauf hoffen, mit gewissen Kollegen nicht zusammenarbeiten zu müssen? Leidest auch du darunter, wie dein Partner manchmal mit dir umgeht? Falls ja, dann prüfe, ob du deine Perspektive darauf ändern kannst. So, dass du dich nicht ständig über Dinge ärgerst, die du nicht beeinflussen kannst. Sehr oft liegt unser Fokus darauf, wovon wir betroffen sind. Wir nehmen dann verstärkt *die Umstände* wahr, die nicht veränderbar sind – und hängen dadurch in negativen

Gedanken und Gefühlen fest. Sich über andere aufzuregen, ist ein Klassiker: »Weil meine Partnerin beziehungsweise mein Partner mir nur die halbe Wahrheit sagt, ärgere ich mich«, »Weil meine Schwiegermutter stichelt und auf mir rumhackt, enden unsere Treffen im Streit«, »Weil mein Chef so ein Chaot ist, kann ich nicht produktiv sein« und so weiter. Unser Fokus liegt zu hundert Prozent beim anderen. Die Lösung liegt aber genau darin, deinen Fokus auf deinen eigenen Einflussbereich zu lenken. Denn hier liegt das, was du zu hundert Prozent selbst in der Hand hast. Je kleiner deine Abhängigkeit vom Verhalten anderer, desto größer dein Spielfeld, dein Wirkungskreis.

Komm in deine weibliche Kraft: Übung 9

Fokussiere dich auf deinen Handlungsbereich!

Nehmen wir das Beispiel mit der stichelnden Schwiegermutter. Frage dich:

» **Was kann ich tun?** Vielleicht trainierst du deine Kommunikationsfähigkeit und lernst, ihre Einwände zu entkräften und umzuwandeln … Oder du lernst, ein Schutzschild um dich herum zu visualisieren, an dem jeder Ball, den sie wirft, abprallt … Oder du trainierst deine Feedbacktechnik (siehe Übung 5) und spiegelst ihr Verhalten, ohne ihr dabei einen Vorwurf zu machen oder sie anzugreifen … Lenke deinen Fokus darauf, was du konkret tun kannst, und beginne.

» **Was kann ich unterlassen?** Vielleicht sendest du unbewusst in deiner Körpersprache Signale, die sie provozieren, durch die du ein Konkurrenzgefühl erzeugst? Oder versuchst du unbewusst, deine Partnerin, deinen Partner oder die Kinder auf deine Seite zu ziehen? – Wenn du das in Zukunft nicht mehr machst, kann es die gesamte Situation ändern. Vielleicht hast du aber auch eine unerfüllbare Erwartung, zum Beispiel die, dass eine Schwiegermutter liebevoll sein sollte. Lass eine Erwartung los, die eine Illusion ist, das entspannt die ganze Situation … Lenke deinen Fokus darauf, was du konkret nicht mehr machst, und setze es um.

» **Was kann ich durch Kommunikation mit anderen ändern?** Vielleicht hilft ein Gespräch mit deiner Partnerin beziehungsweise deinem Partner, vielleicht hat sie oder er eine ganz andere Wahrnehmung der Situation und deckt einen blinden Fleck bei dir auf. Vielleicht hilft ein Gespräch mit deiner Schwiegermutter und das Heilen der *Ursache* für ihr Verhalten … Vielleicht liegt allem ein Missverständnis zugrunde …, vielleicht hat sie ein Bedürfnis nach Anerkennung, das auf andere Weise gestillt werden kann als dadurch, dass sie dich angreift … Prüfe es und beginne, in Kommunikation zu gehen.

Schätze deinen Körper

Lächeln versetzt uns in eine fröhlichere Stimmung, das Stehen auf einem Podest stimmt milde und eine aufrechte Körperhaltung strahlt Selbstbewusstsein aus – unsere Mimik und unsere Körperhaltung haben einen Einfluss darauf, wie wir uns fühlen und wie wir uns selbst sehen. Im Grunde genommen wissen wir schon lange, dass Gefühle und mentale Vorgänge durch körperliche Empfindungen beeinflusst werden. In der Medizin wird der wechselseitige Einfluss von Körper und Seele, sprich inneren Zuständen, heute durchgehend anerkannt. Es ist also wichtig, dass du dich um die Bedürfnisse deines Körpers kümmerst, um dich gut zu fühlen. Nimm wahr, was er braucht, um sich kraftvoll anzufühlen, achte auf die richtige Ernährung: Geh nicht danach, was dir am besten schmeckt, nur weil es eine Gewohnheit ist. Oder danach, worauf du gerade Lust hast, nur weil du überarbeitet, übernächtigt oder zu schwach bist, Verlockungen standzuhalten. Achte auf die Signale, die dein Körper sendet, und verhalte dich danach: Gib ihm den Schlaf, den er braucht, die Bewegung, die ihm guttut, und die Ernährung, die ihm Energie und alle wichtigen Nährstoffe gibt. Unterscheide, wann dein Verstand dich dazu bringt, etwas zu tun, was für deinen Körper eine Qual ist: einen Wettkampf mitmachen, weil es deinem Ego um die Anerkennung geht, oder die Auszeit streichen, weil dein Ego lieber weiterarbeiten und sich etwas beweisen will. Und das, obwohl dein Körper unter dem Leistungsdruck leidet und du über seine Grenzen gehst – was er dir durch Schmerzen und Verletzungen zeigt. Erkenne, wenn dein innerer Schweinehund dich dazu überreden will, faul zu sein, obwohl du dich besser fühlen würdest, wenn du aktiv wärst. Sei stärker. Wenn du merkst, dass es dich mehr motiviert, Sport mit anderen zu machen, schließe dich einer Gruppe an. Achte darauf, ob es dir, nachdem du Fleisch oder Tierprodukte gegessen hast, gut geht oder ob sie dir wie ein Stein im Magen liegen. Wenn ja, entwöhne dich, ersetze nach und nach einzelne Lebensmittel durch andere, die dir guttun, dich beleben. Stelle im ersten Schritt auf Bio-Fleisch um und reduziere die Menge. Achte darauf, dass deine Lebensmittel mit Respekt für alle Lebewesen und regional erzeugt werden. So leistest du deinen Beitrag, der Zeit der Massentierhaltung mit billigsten industriellen Produktionsprozessen ein Ende zu setzen. Denke daran, dass dein Körper eine Übergangszeit braucht, stelle vielleicht im nächsten Schritt auf weißes Fleisch wie Geflügel um und reduziere weiter die Menge. Schocke deinen Körper nicht. Es kommt eher auf die Haltung an: »Regional« und »saisonal« sind beim Einkauf die wichtigsten Kriterien. Keiner braucht Erdbeeren an Weihnachten aus Israel, Ägypten oder Marokko. Beende diesen Irrsinn durch dein Kaufverhalten. Iss, was aus deiner Region kommt, und zu der Jahreszeit, zu der es die Natur hervorbringt. Um deinen Auftrag hier erfüllen zu können, brauchst du einen gesunden, kräftigen Körper. Dein Körper ist kostbar, denn er schützt dich durch seine Grobstofflichkeit.[13] Erkenne, dass du nicht dein Körper bist, du bist geistig. Sobald

Geist und Seele aber nach dem Absterben des Körpers aus ihm heraustreten, sind sie der feinstofflichen Materie ausgesetzt. Nach dem Gesetz der Gleichart ziehen sie gleichartige Materie an. Doch nun ist keine schützende Hülle mehr da, die die Empfindungen abmildert. Verstehst du die Dimension? Deine Entwicklung geht weiter, dadurch, dass aber die schützende Hülle des Körpers fehlt, ist jede Empfindung für Seele und Geist wesentlich intensiver, als du sie jetzt wahrnimmst. Auch Wechselwirkungen erfolgen durch das Fehlen der grobstofflichen Materie des Körpers schneller. Es ist wesentlich einfacher für uns, zu lernen, solange wir unseren Körper haben. Durch seine dichte Materie schwächt er vieles an Wirkungen und Rückwirkungen ab. Wir werden nicht mit jeder Wechselwirkung zurückgeworfen und kommen so mit unserem geistigen Aufstieg schneller voran. Dein Körper verschafft dir Zeit, gerade für die Lektionen, für die du länger brauchst. Vergeude diese Chance nicht. Nutze sie. Es lohnt sich, weiter und ganzheitlicher zu schauen, denn es gibt mehr als das Hier und Jetzt: Das Christentum sah im Leben nach dem Tode lange den eigentlichen Sinn, der Buddhismus propagiert die Vorstellung der Wiedergeburt beziehungsweise Reinkarnation und auch der Islam geht von einem Seelenleben nach dem Tode aus. Im Mittelalter existierte gar die Haltung, dass das Leben als Jammer- und Leidenstal durchschritten werden musste. Es scheint da also etwas zu sein, das sich den Naturwissenschaften verschließt, aber dennoch vorhanden ist. Sei dir bewusst: Dein Körper ist dein kostbarstes Geschenk, denn er ist deine Schutzhülle. Er hilft dir dabei, Erfahrungen machen und dich weiterentwickeln zu können – nicht umsonst heißt es, »der Körper ist das Haus der Seele«.

„Wer A sagt,

der muss nicht B sagen.

Er kann auch erkennen,

dass A falsch war."

Bertolt Brecht (1898–1956), Dramatiker, Librettist und Lyriker

Dritter Weg:
Befreie den in dir verborgenen Schatz

Was geschah mit der weiblichen Kraft? Mit unserer tiefen Verbindung zur Natur und all ihren Wesen? Was geschah mit der Liebe zu unseren Schwestern, die uns einst gestärkt und getragen hat? Mit unserem heiligen Auftrag, dem steten Gebären und Nähren allen Lebens, der gesamten Schöpfung? Was geschah mit unserer heiligen Aufgabe, den Geist in uns, bei allen Menschen, die uns nahestehen, und denen, für die wir wirken, lebendig zu halten? Was geschah mit der heiligen Kraft in uns, die einst die Brücke bildete zu allem Geistigen, zur Schöpferkraft? Die Kraft des Weiblichen half seit Anbeginn unserer Zeit dabei, alles Leben zu nähren, es voller Hingabe und Fürsorge mit geistiger Kraft, Geborgenheit und Liebe zu versorgen. Die weibliche Kraft webte unermüdlich am Netz des wahrhaftigen Miteinanders und der tiefen Verbundenheit mit der Natur, der Schöpfung. Die gelebte Liebe floss zu allen Lebewesen, zu allen Pflanzen, Tieren und Menschen – alles, was lebte, wurde von ihr berührt und liebevoll fördernd genährt. Durch ihre Verbindung zu höheren Ebenen erhellte die weibliche Kraft den Weg für unsere Entwicklung, unser Wachstum. Sie gab uns die Kraft, Hindernisse zu überwinden und uns den Herausforderungen des Lebens zu stellen. Genau diese Kraft wurde einst vom Männlichen unendlich geliebt und wegen ihrer Einzigartigkeit beschützt.

Doch die Wertschätzung des Weiblichen ging verloren.

Vieles haben wir Frauen selbst aufgegeben: Wir haben unsere geistigen Fähigkeiten immer weniger gelebt, haben die Brücke zum Geistigen nicht gehalten und unsere Schwesternschaften vernachlässigt. Wir haben unsere ganze Energie eingebracht, dem Männlichen zu gefallen, es ihm gleichzutun. Wir opfern uns auf, um in unseren Jobs neben Männern zu glänzen und gleichzeitig die Rolle der Ehefrau, Mutter, Hausfrau und Tochter hinzubekommen. Und so ist unsere wichtigste Aufgabe, die, bei der wir nicht ersetzbar sind, untergegangen. Die Zustände in der Welt sind da, um uns Frauen zu mahnen. Wir sind es, die jetzt aufwachen müssen, wir sind es, die sich an ihren eigentlichen Auftrag erinnern müssen.

Vieles hat das Männliche dazu beigetragen, denn indem die Wertschätzung des Weiblichen verloren ging, konnten Verstand und Ego mehr und mehr an Macht gewinnen und die Gier, das Gegeneinander und den Konkurrenzkampf schüren. Und so erleben wir Männer, die Frauen systematisch kleinhalten, diskriminieren und sabotieren. Wir erleben Männer, die abgeschnitten sind von ihrer Gefühlswelt, von ihrer Intuition und ihrer geistigen Kraft.

Und so verlieren wir alle.

Erfülle deine wahre Aufgabe

Wir Frauen haben eine erweiterte und feinere Empfindsamkeit. Durch die größere Zartheit unserer Empfindungen können wir mehr Informationen und Energien aus unserem Umfeld, aus der Natur und dem Universum aufnehmen. Wir sind daher die Brücke zur Natur, die Brücke zur nächsthöheren geistigen Ebene und zu allem Feinstofflichem.[13] Wir können leichter in die Verbindung zu höheren Ebenen gehen, wir können mehr Informationen zu unseren eigenen und kollektiven höheren Zielen aufnehmen. Das ist nicht nur zufällig so, sondern hat einen klaren Zweck: Die Frau ist das *Bindeglied*, über das der Kraftstrom aus dem Geistigen fließt, sie ist Mittlerin geistiger Kraft. Die Frau ist das verbindende Element, das durch eine größere Empfindsamkeit Inspiration und Kraft aus höheren Ebenen aufnehmen und in das Leben, in den privaten und beruflichen Alltag einbringen kann.

Es ist die Aufgabe der Frau, die Brücke für das Geistige zu bilden.

Du kannst dir das wie bei einem Wassertropfen vorstellen, der Licht in alle Farben des Regenbogens wandelt, sodass du ihn bunt schimmern siehst. Diese Fähigkeit besitzt die Frau, die in ihrer wahren Weiblichkeit steht – sie kann die Strahlungen des Lichts aufnehmen und wandeln, sodass sich das Licht in der Materie verankern und ohne Unterbrechung auf die Erde fließen kann.

Doch wir Frauen haben unseren Posten verlassen. Wir erwarten von unseren Männern, dass sie spüren und wissen, was die höheren Ziele für unsere Systeme, Unternehmen, Institutionen oder Familien sind. Dabei können sie die Informationen aus höheren Ebenen nicht so empfangen wie wir, sie können nicht so ins große Ganze hineinspüren wie wir. Wir Frauen sind durch unsere Fähigkeiten die geistigen Vorreiter für die Transformation unserer Systeme. Es gehört zu unserer Aufgabe, die Ziele, die wir in unserer Gesellschaft, in Institutionen, Unternehmen und Familien anstreben, innerlich auf die Verbindung mit dem großen Ganzen und zu höheren Zielen zu prüfen und sie in gewandelter Form in unsere Systeme, Gesetze oder Projekte einzubringen. Doch wir haben uns zurückdrängen lassen, in ein Sammelsurium an Rollen, welches so komplex ist, dass wir oft nicht mehr die Kraft für die Erfüllung unserer eigenen Bedürfnisse haben. Wir haben uns in ein Idealbild von »schön und attraktiv sein« pressen lassen, durch dessen Erfüllung wir uns auf unser Äußeres reduzieren. Für den Preis des Versorgt-Werdens haben wir uns angepasst und unsere Macht abgegeben. Vielleicht haben wir sie darin, in unseren Familien zu entscheiden, in welcher Wohngegend wir leben, wohin wir in den Urlaub fahren oder was gekocht wird. Die Macht jedoch, durch unsere Fähigkeit der Verbindung mit dem Geistigen zu wissen, welches Handeln richtig ist, wann wir uns im Einklang mit den Naturgesetzen bewegen und wann nicht, diese Macht haben wir abgegeben. Dabei ist die Rolle der geistigen Führung in unserer Partnerschaft, Familie und in unseren Unternehmen unsere wichtigste Aufgabe. Wenn wir sie nicht erfüllen, liegt sie brach. Wenn wir sie nicht leben, mutieren unsere Systeme zu unmenschlichen, umweltfeindlichen und lediglich auf Profit ausgerichteten Systemen. Diese, unsere Rolle kann schlicht kein anderer übernehmen: Es ist die heilige Pflicht der Frau, im geistigen Aufstieg dem Mann voranzugehen. Diese Aufgabe haben wir aus tausenderlei Gründen sträflich vernachlässigt. So haben wir unseren Anteil daran, dass das Agieren in unserer Gesellschaft, in Wirtschaft und Politik schon seit vielen Jahrzehnten ohne ganzheitliche, nachhaltige Ziele und Werte erfolgt.

Doch damit nicht genug: Die Frau ist auch die Verankerung des Mannes mit dem Licht. Sie kann ihm geistig Halt geben in seinem Wirken und ihm Kräfte aus dem Geistigen zufließen lassen.[13] Der Mann braucht die Frau zur geistigen Inspiration, für den geistigen Austausch – um zu wissen, was aus der Perspektive des großen Ganzen betrachtet richtig ist. Es schadet auch dem Mann, wenn die Frau ihren Platz nicht einnimmt und ihre Rolle als geistige Führerin nicht ausübt. Dazu braucht es keine Ehe, Beziehung oder physischen Kontakt. Jede Frau kann für jeden Mann in jedem Projekt die geistige Führerin sein. Sobald es ein gemeinsames Ziel gibt, sollten Frau und Mann in der von der Schöpfung für sie vorgesehenen Rolle wirken: der Mann an vorderster Front, in der Auseinandersetzung mit dem Außen, denn seine Konstitution ist darauf ausgerichtet, das Grobe zu tun, et-

Du hast eine Aufgabe zu erfüllen.

Du magst tun, was du willst,

magst Hunderte von Plänen verwirklichen,

magst ohne Unterbrechung tätig sein –

wenn du aber diese eine Aufgabe nicht erfüllst,

wird alle deine Zeit vergeudet sein.

Rumi (1207–1273), persischer Sufi-Mystiker, Gelehrter und Dichter was mit viel Kraft und Ausdauer zu erschaffen. Die Aufgabe der Frau ist es, die Verbindung mit dem Licht zu halten und so die Brücke der Kraftzufuhr und Stärkung für den Mann, das Projekt oder die Aufgabe zu bilden. Um den Schatz der Empfindsamkeit und Empfänglichkeit zu wahren, sollten Frauen darauf achten, nicht häufig Aufgaben zu übernehmen, für die es grobe Kräfte braucht oder die bedeuten, dauerhaft an vorderster Front kämpfen zu müssen. Dadurch stumpft die Empfindsamkeit ab und das Abhärten führt dazu, weniger empfangen zu können. Das Einfließen-Lassen der Empfindungen und des Kraftstroms aus dem Geistigen ist der weibliche, passive Teil. Er ist die Voraussetzung dafür, aus höheren Motiven handeln zu können. Daher ist die Aufgabe der Frau, geistig gesehen, der bestimmende Teil. Der Part des Mannes ist der aktive, der ausführende. Nicht umsonst gibt es das Sprichwort »Hinter jedem erfolgreichen Mann steht eine starke Frau«. Allerdings muss man hinzufügen: Nur wenn es um den Erfolg einer guten Sache geht, die auch anderen Nutzen bringt und ganzheitlich Sinn stiftet. Das Handeln aus niederen Instinkten der Gier oder des Egos kann jeder allein, wie wir es jeden Tag in unserer Welt erleben können. Doch für Projekte, die langfristig Mehrwert erschaffen, die für die nächsten Generationen gedacht sind, braucht der Mann die geistige Kraftzufuhr durch die Frau. Dann verbinden sich die durch die Frau empfangene Inspiration und geistige Kraft – mit der realistischen, bodenständigen und kraftvollen Umsetzung durch den Mann. Nur im gemeinsamen Wirken von Mann und Frau kann etwas Vollendetes entstehen, dann, wenn beide Arten gleich stark wirken. Es ist wichtig, dass wir Frauen für *die Männer* geistig wirken, die aus gutem Wollen handeln. Denn häufig gehen diese sang- und klanglos unter, im Kampf gegen jene, die rücksichts- und skrupellos vorgehen. Durch die Kraftzufuhr und den Rückenwind aus dem Geistigen jedoch, übermittelt durch die Frau, können die Männer mit den guten Motiven und Zielen stärker sein. Wir Frauen sind es, die, wenn wir in unserer wahren Weiblichkeit stehen, Kräfte multiplizieren – und damit Projekte zum Erfolg führen können.

Der Auftrag des Mannes

Viele Männer können ihn spüren, den Schatz, den die Frau durch ihre höhere Empfindsamkeit in sich trägt. Sie können es sich nicht erklären, aber nehmen wahr, dass da etwas Größeres ist, eine mächtige Kraft. Etwas, das sie selbst so nicht haben. Sie spüren, dass ihnen durch die Frau Inspiration und Kraft zufließt. Dass es sie weiterbringt, wenn sie sich auf den Prozess, den die Frau initiiert, einlassen. Dass sie sich dadurch weiterentwickeln, plötzlich Dinge anders tun, sich anders verhalten und: dass sich genau das erfüllend anfühlt. Viele lassen sich freudig leiten und übernehmen gleichzeitig ganz selbstverständlich ihren Auftrag: diesen Schatz, die Feinfühligkeit der Frau, vor unserer lauten, groben und kämpferischen Welt zu behüten. Es ist die heilige Aufgabe des Mannes, die weibliche Kraft zu ehren und der Frau den Kampf mit dem Außen abzunehmen. Es sind die Männer, die, wenn sie in ihrer wahren Kraft stehen, eine Fülle an Aufgaben abarbeiten können, ohne sich dabei zu erschöpfen. Es braucht nur vorab die gemeinsame strategische Ausrichtung mit der Frau, damit das Tun des Mannes kein reiner Aktionismus ist, sondern auf langfristige Ziele einzahlt. Ist die Frau im Passiv-Modus, im Modus des Empfangens, kann sie alle Informationen, die wichtig sind, in die Planung einbringen. Gerade bei komplexen Zusammenhängen ist unser Verstand häufig damit überfordert, diese zu überblicken – unser Geist dagegen kann spielend die Wirkung von Handlungen erfassen, und seien sie noch so komplex. Es ist einer unserer größten Irrtümer, dass der Passiv-Modus der Frau nicht so wertvoll sei wie der Aktiv-Modus des Mannes. Vermutlich stammt es daher, dass wir das, was aktiv erschaffen wurde, meist mit eigenen Augen sehen können. Wenn ein Mann sagt, er habe gerade Reifen gewechselt, können wir das Ergebnis sehen und wissen, das waren ein, zwei Stunden körperlicher Einsatz. Wenn eine Frau dagegen geistige Kraft in ein Projekt lenkt, sehen wir erst zeitversetzt, dass dieses Projekt größer wurde, als wir anfangs dachten, dass es sich wie von selbst immer mehr vernetzt hat oder durch Fügungen überraschend gewachsen ist. Die Frau als schwächer anzusehen, nur weil sie nicht die gleiche körperliche Kraft und Ausdauer hat wie ein Mann, ist töricht. Es ist eindimensionales, analytisches Bewerten des Verstandes. Das, was die Frau durch ihre höhere Empfänglichkeit einbringen und bewirken kann, ist stärker als alles rein Irdische. Es ist an der Zeit, dass wir unsere Fähigkeiten nutzen, liebe Frauen, und die Kraft, die für uns bereitsteht, auch abrufen.

Die Art des Empfindens

des Mannes zur Frau

ist für ihn das Tor zum Licht.

Abd-ru-shin (Oskar Ernst Bernhardt, 1875–1941),
Verfasser der »Gralsbotschaft«

Es ist ebenso unklug, das Weibliche als Bedrohung zu sehen, weil es Dinge anders tut. Im Gegenteil: In der Würdigung der weiblichen Fähigkeiten und Kräfte liegt Heilung und Befreiung für das Männliche.

Der Schlüssel für die Heilung des Mannes liegt darin, die Frau wieder als die große Hilfe für die Verbindung mit dem Geistigen anzuerkennen und darin, im Einklang mit den Naturgesetzen zu leben. Der Schlüssel ist, dass Männer den Frauen wieder den Platz der geistigen Führung einräumen, indem sie ihr den Passiv-Modus des Empfangens gestatten, indem sie ihr tief zuhören, ihre Informationen ernst nehmen und diese in ihre Pläne und Projekte einbinden. Es ist an der Zeit, dass der Mann der Weiblichkeit wieder den Respekt zollt, der ihr von der Schöpfung zugedacht ist.

Die Basis dafür bilden gegenseitige Wertschätzung und das Gefühl von Verbundenheit. Sonst kann sich niemand für etwas öffnen. Wer sich innerlich verschließen muss, um sich gegen Angriffe aller Art zu schützen, kann nichts empfangen. Mit der Konsequenz, die wir jeden Tag in Unternehmen und Institutionen erleben: Ideen und Konzepte sind rational, häufig völlig verkopft und emotionslos. Sie fühlen sich tot an und sind klein im Gegensatz zu dem, was mit großem Geist möglich wäre. Sie sind meist unrealistisch, wenn es darum geht, dass Menschen sie umsetzen sollen. Menschen, mit Herz und Seele, die Emotionen haben und die für etwas brennen wollen. Rein vom Verstand erzeugte Konzepte funktionieren nur auf dem Papier und scheitern häufig in der Praxis.

Wenn wir Frauen unsere wahre Rolle einnehmen, werden wir nicht mehr auftreten müssen wie ein Mann, um ernst genommen zu werden. Wenn wir den Mut haben, unsere Fähigkeiten zu leben und dem Mann vorauszugehen, wird er folgen. Wenn wir uns wieder trauen, die Rolle der geistigen Führung in unseren Familien, Vereinen, Institutionen und Unternehmen auszuüben – wird der Respekt des Mannes vor dieser Rolle die Folge sein. Wir dürfen nicht länger in der Warteposition verharren. Wir müssen es wagen, noch einmal ins kalte Wasser zu springen und voranzugehen, in der Transformation unserer Beziehungen und Systeme. Wir sind die, die das Neue einbringen können.

Beende den Mythos vom schwachen Geschlecht

Das Dunkel hat ganze Arbeit geleistet: Viele von uns Frauen sind zutiefst verunsichert, eingeschüchtert und geschwächt. Wir tragen sie in uns, die Erfahrung, mundtot gemacht zu werden, die Erfahrung, verbrannt zu werden, die Erfahrung, finanziell abhängig zu sein. Und das Patriarchat ist noch in vollem Gange. Das heißt nicht, dass es an allem schuld ist. Es war eine notwendige

Entwicklungsstufe, aus der wir lernen können, dass es lebensbedrohlich ist, wenn das Männliche losgelöst vom Weiblichen agiert. Es geht also nicht darum, das Patriarchat zu bekämpfen. Es geht darum, nicht noch länger im Zustand der kollektiven weiblichen Schwäche zu verharren. Es ist an der Zeit, dass wir Frauen in unsere Kraft kommen und nicht noch länger unsere Wunden lecken. Für einen Wandel brauchen wir, dass jede Frau mutig einsteigt in den Prozess der Selbstermächtigung. Dass jede Frau sich konsequent reinigt, von all den Erfahrungen, die sie immer noch Kraft kosten, die sie lähmen und ihr den Mut rauben. Wir brauchen, dass jede Frau ihre heilige Aufgabe annimmt und beginnt, sie zu erfüllen.

Achte darauf, ob auch du dazu neigst, dich selbst kleinzuhalten. Passiert es dir, dass du deine Stärken und Besonderheiten schnell als selbstverständlich abtust, wenn andere dich darauf hinweisen? Passiert es dir, dass du, selbst wenn du einen guten Impuls für deine Weiterentwicklung bekommst, diesen zur Seite schiebst und die Aufbruchsenergie versacken lässt? Bist du der Überzeugung, dass es sich nicht lohnt, an dir zu arbeiten, weil du es nicht schaffst, etwas zu ändern? Hältst du dich häufig zurück und schweigst, obwohl du etwas sagen oder klären möchtest? Dann hat es sich eingenistet, das Muster der Selbstsabotage. Es ist vom Verstand gemacht, um dich von deiner wahren Größe abzuhalten. Hinzu kommt: wir Frauen haben über Jahrzehnte und Jahrhunderte gelernt, das Verhalten des Männlichen schweigend zu ertragen. Wir haben gelernt, uns unsichtbar zu machen oder nur das zu sagen, was das Männliche hören will. Wir haben abgespeichert, dass wir abgelehnt und bestraft werden, wenn wir unsere Wahrheit sprechen. Doch genau das macht uns schwach. Wenn wir selbst nicht zu dem stehen, was wir spüren, zu dem, was wir uns wünschen und was wir brauchen, wer dann? Frage dich:

» Wo schlucke ich etwas hinunter?
» Wo gehe ich lieber auf Distanz?
» Wo verstecke ich mich?
» Wo spiele ich etwas vor, zeige eine Fassade?
» Wo halte ich mich selbst zurück?

Erkenne dein Muster, durchbrich es. Denke immer daran, wir gehen aus der Dunkelheit heraus in das Licht. Es kann nicht schon da sein, es ist ein Prozess, in deine Eigenmacht und in deine volle Kraft zu kommen. Befreie dich von Angepasstheit und von deinem Schweigen.

Komm in deine weibliche Kraft: Übung 10

Ermächtige dich!

Stell dich aufrecht hin, erhebe deinen Blick und sage dir jeden Tag aufs Neue:

Ich bin wunderbar.
Ich bin einzigartig.
Ich habe das Recht, meine Stimme zu erheben.
Ich habe das Recht, gehört zu werden.
Ab jetzt werde ich mich selbst hören.
Ich stehe zu mir und spreche für mich.
Ich trete für mich ein, jeden Tag mehr.
Ich spreche meine Wahrheit aus.
Ich richte mich auf das Höchste aus.
Ich habe meine Stimme zurück,
ich bin.

Der Augenblick, dich auf deine Spiritualität zu besinnen, auf deinen Glauben, ist da. Jetzt ist der Moment, mit deiner Essenz in Kontakt zu kommen, diese zu nähren und dich in ihr auszudehnen. Denke daran, dass alle Frauen, die du als stark empfindest, nichts anderes getan haben als das. Auch ihnen wurde nichts geschenkt. Auch sie hatten diesen einen Elternteil, der sie nie gesehen oder in den Arm genommen hat. Auch sie wurden in irgendeiner Form diskriminiert, missbraucht oder abgelehnt. Auch sie hatten diese eine Beziehung, in der sie einem Narzissten, einem dominanten Menschen oder cholerischen Chef ausgeliefert waren. Auch sie hatten eine lebensbedrohliche Krankheit, einen einschneidenden Unfall oder herben Verlust. Häufig haben auch sie erst durch eine bedrohliche Krise in ihre Stärke gefunden. Im Leben passiert vieles, das uns Furcht einjagt oder großen Schmerz verursacht: Trennungen, Krankheit, Scheidung, Kündigung, Verlust durch den Tod eines geliebten Menschen. Das ist beängstigend und du willst dich zurückziehen, aber wenn du das tust, verpasst du auch all die schönen Dinge. Das Leben muss gelebt werden. Sperr es nicht in eine Schublade, um es zu kontrollieren, denn das wird nicht funktionieren. Wir Frauen sind es, die es schaffen, neues Leben in die Welt zu bringen. Wir Frauen sind es, die es schaffen, nicht einfach zu verschwinden, sobald es in einer Beziehung ernst wird. Wir sind es, die es schaffen, alles unter einen Hut zu bringen: Verpflichtungen im Job, Kinder erziehen, Hausaufgaben überwachen, Haushalt organisieren, Familie zusammenhalten, Freundeskreis hüten, Nachbarschaft intakt halten, uns selbst weiterbilden. Wir sind es, die alle anderen nähren und die das Feld des Miteinanders halten. Wir Frauen sind die, die stark sind. Wir dürfen nicht länger zögern, unsere Verantwortung zu übernehmen: Wir haben uns entschieden, jetzt hier zu sein und mitzuwirken. Wir sind da, um unsere Seelenenergie auf die Erde zu bringen und zum Wandel beizutragen. Wir dürfen uns von der Fülle der Aufgaben, der Dimension der Missstände und der Intensität der Auseinandersetzung von Gut und Böse, Licht und Dunkel nicht abschrecken lassen. Wir können unserer Seelenführung vertrauen, denn wir sind immer mit unserem Seelenplan verbunden. Unser geistiges Team ist immer da, um uns zu helfen. Wer seinem Herzen folgt, wird, trotz aller Widrigkeiten, Verstärkung erfahren und erblühen.

Der Mythos vom Muttersein als höchstem Glück

Viele Jahre haben wir uns begrenzen lassen auf die Rolle der Hausfrau und Mutter. Das war schlau eingefädelt vom Patriarchat, denn wer rund um die Uhr beschäftigt ist, kommt nicht auf den Gedanken, sich selbst verwirklichen oder seine Fähigkeiten leben zu wollen. Wir haben tatsächlich geglaubt, dass wir als Frau nur etwas wert sind, wenn wir einen Mann finden, der uns heiratet, und wenn wir Mutter sind. Viele Jahre galt unser Streben dem Entwickeln der Fähigkeiten einer guten Ehefrau und Mutter: Wir haben uns darin trainiert, stets freundlich und fleißig zu sein, gut kochen zu können, die zu sein, die sich um alle und alles kümmert. Wir haben tatsächlich geglaubt, das Muttersein sei unsere allergrößte Aufgabe. Dabei ist es wichtig, hier zu differenzieren: Das Muttersein ist heilig, denn als Mutter haben wir eine mit nichts vergleichbare innige Verbindung zum Kind. Wir haben es in uns getragen, wir haben es zur Welt gebracht, wir spüren, was es bewegt und was es braucht. Wir lieben unsere Kinder, komme, was wolle: Mutterliebe ist heilig und durch nichts ersetzbar. Und gleichzeitig ist das Muttersein an sich nicht unsere wichtigste Bestimmung als Frau. Diese Erkenntnis ist elementar: Sie ist die Voraussetzung dafür, dass wir beginnen, unsere wichtigste Aufgabe wieder wahrzunehmen. Unsere heiligste Bestimmung als Frau liegt viel höher, denn sie ist geistig: [13] Es ist unsere Aufgabe, den Geistfunken in den Menschen lebendig zu halten – und damit die Sehnsucht und das Streben nach dem Licht. Es ist unsere Aufgabe, die Verbindung zum Geistigen zu halten und die Brücke zu bilden für alles Leben und besonders für jene, die sie verloren haben. Wir sind die, die dafür Sorge tragen, dass unser Handeln auf diesem Planeten dem der Naturgesetze entspricht. Diese, unsere Aufgabe gilt für alle Menschen, alle Lebewesen, für die gesamte Schöpfung – nicht nur für unsere eigenen Kinder. Sie ist viel größer, als wir sie bisher erfasst haben. Die Rettung kann für uns Frauen nur darin liegen, uns an die Schöpfungsgesetze zu erinnern, sie neu zu begreifen und nach ihnen zu leben. Dann wird uns bewusst werden, dass auch die Mutterrolle größer ist, als wir bisher angenommen haben: Es ist unser Auftrag, unseren Kindern mit ihrer Reifung immer mehr zum geistigen Partner zu werden und ihre geistige Entwicklung zu fördern. Mutterliebe allein ist nicht ausreichend, ein Kind braucht eine starke geistige Verbindung. Es braucht Gespräche, die es zum Handeln aus höheren Motiven inspirieren, die es emotional, seelisch und geistig stärken und durch die ihm die eigenen Gaben und Talente immer bewusster werden. Bauen wir diese Verbindung nicht auf, weil wir im kleingeistigen Bemuttern steckenbleiben, wird sich das Kind als Erwachsener abtrennen oder nur aus Pflichtgefühl eine Fassade der Verbindung aufrechterhalten. Es ist an der Zeit, unser Verständnis der Mutterrolle zu erweitern: so, dass sich unser ganzes Denken und Sinnen nicht mehr darum dreht, alle irdischen Wünsche und Erwartungen unserer Kinder zu erfüllen, sondern dass wir die Aufgabe der geistigen Führung unserer Kinder wieder ausführen. Frage dich:

» Wo hänge ich im Bemuttern fest?
» Wo nehme ich durch meine eigenen Ängste, mein eigenes Bedürfnis, geliebt zu werden, meinem Kind die Chance, seine eigenen Erfahrungen zu machen?
» Welche Werte vermittle ich meinem Kind, sind sie erhebend, wirken sie fördernd?
» Wo und wie kann ich mein Kind heute zu höherem Handeln, zu einem Beitrag für das große Ganze inspirieren?
» Welche Talente und Gaben hat mein Kind, was macht es seelisch glücklich, weiß es das? Und wie können wir diese Tätigkeiten ausdehnen?

Erkenne, was Liebe ist

Für viele Menschen ist es ein Zeichen von Liebe, immer bereit zu sein, alles für den anderen zu tun, immer bereit zu sein, es dem anderen recht zu machen. Auch göttliche Liebe wird häufig als weichlich, alles vergebend und selbstlos dargestellt. Ganz nach dem Motto »Egal, was du in deinem Leben tust, Gott wird dich liebend empfangen«. Das hätten wir gern, denn es gäbe uns den Freibrief für ein bequemes Leben – ein Leben, in dem wir ohne Konsequenzen unsere Begierden ausleben könnten. Aber nur, weil wir das gern so hätten, heißt das nicht, dass es so ist. Schau dir die Naturgesetze an und schon platzt sie, die Illusion: In der Auswirkung der Naturgesetze liegt absolute Konsequenz – jeder muss die Früchte seiner Gedanken und Taten ernten, nichts davon wird aus Mitleid erlassen. Göttliche Liebe, wahre Liebe, lebt von reinigender Strenge – eben genau, um Entwicklung zu ermöglichen. Du kannst es bei der Erziehung von Kindern beobachten: Wenn Mütter die Ranzen ihrer Kinder bis ins Klassenzimmer tragen, ist das nicht ein Zeichen großer Mutterliebe, denn die Mutter nimmt ihrem Kind die Chance, innere Stärke, Durchhaltevermögen und Disziplin zu entwickeln. Wenn Eltern ihren Kindern an Geburtstagen, Ostern oder Weihnachten jeden erdenklichen Wunsch erfüllen und sie mit Geschenkebergen überhäufen, ist auch dies kein Zeichen von Liebe. Sie fördern Gier statt Demut, Überheblichkeit statt Dankbarkeit oder Bequemlichkeit statt Tatkraft. Wenn Eltern ihre Teenager bis vor die Schule chauffieren, ist auch das kein Zeichen von Liebe. Ich könnte unendliche Beispiele aufzählen, wie die neuen Generationen aufwachsen, in denen Liebe zum Verhätscheln und Verwöhnen aufgeweicht wurde. Auch manche Beziehungen funktionieren nur, weil sich einer der Partner dem anderen anpasst

Wahre Liebe regt zu Entwicklung an.

und widerspruchslos tut, was der andere erwartet. Jegliches Verhalten des anderen, egal wie unangenehm oder verletzend es ist, wird stillschweigend akzeptiert, übergangen oder runtergespielt. Höre auf damit. Selbstlosigkeit ist nicht Liebe. Selbstaufgabe ist nicht Liebe. Lerne, deine eigenen Bedürfnisse wahrzunehmen und sie offen anzusprechen. Lerne, nein zu sagen, ohne dich erklären zu müssen.

Wahre Liebe regt dazu an, dass Kinder selbstständig werden oder Partner lernen, den anderen in seiner Einzigartigkeit zu respektieren. Wahre Liebe gibt Impulse, die der andere für seine Weiterentwicklung braucht, selbst wenn das für beide unbequem ist. Wahre Liebe arbeitet mit Konsequenzen, denn, wenn wir ständig nachgeben, kann der andere nicht lernen, etwas anders zu tun. Heutzutage neigen wir dazu, immer dann wenn Konsequenz angebracht wäre, sofort Sorge zu haben, zu streng zu sein. Das Ende vom Lied sind unendliche Diskussionen. Auf der Frequenz von Liebe zu schwingen heißt nicht, einen halben Meter über dem Boden schwebend Dinge schönzureden, wenn sie es nicht sind. Es ist dein Auftrag, Beziehungspartner und Kinder in ihr volles Potenzial zu bringen. Und das funktioniert nicht, wenn man sich in einer Partnerschaft devot anpasst und sein eigenes Licht unter den Scheffel stellt. Oder indem man versucht, es dem anderen recht zu machen und seine Bedürfnisse zu erfüllen, obwohl man sich selbst dabei unglücklich fühlt.

Transformiere deine Beziehungen!

Frage dich:

» Fördern meine Beziehungen meine Entwicklung? Oder langweilen sie mich, engen sie mich in meiner Entfaltung ein, stecke ich fest?

» Machen meine Beziehungen mir Freude, sind sie lebendig und bereichernd? Oder traue ich mich nicht, ehrlich zu sagen, was ich denke oder fühle? Ziehen Gespräche unendlich viel Energie und ersticken meine Freude?

» Inspiriere ich meine Beziehungspartner dazu, Neues auszuprobieren, ihr Potenzial zu entfalten? Oder ist alles Routine, immer der gleiche Trott, eine schicke Fassade?

» Beruht meine Beziehung auf Abhängigkeit? Sind wir zusammen, weil meine Partnerin oder mein Partner oder ich etwas nicht kann und es deswegen das geringere Übel ist, in dieser Beziehung zu bleiben?

» Trage ich die Verantwortung eines anderen? Tue ich etwas, was eigentlich die Aufgabe oder das Thema meiner Mutter, meines Vaters, meiner Schwester, meines Bruders, meiner Tochter, meines Sohns, meiner Partnerin oder meines Partners ist? Wenn ja, gib diesen Rucksack zurück. Befreie dich davon. Du stehst ihrer beziehungsweise seiner Entwicklung im Weg.

Oft erlebe ich Menschen im Coaching, denen ganz klar ist, was sie eigentlich tun oder ihrem Partner »mal sagen müssten«. Aber sie zögern, haben Angst, schieben den Beginn ewig vor sich hin. Das ist gefährlich, denn dadurch stauen sich Themen und Emotionen auf und irgendwann finden sie sich in einem Wirrwarr von Wünschen, Bedürfnissen und Zielen, die alle nicht erfüllt sind, wieder – gemischt mit negativen, immer intensiver werdenden Gefühlen. Das macht die Kommunikation mit der Partnerin oder dem Partner schwieriger, denn starker Frust und Unzufriedenheit schlagen schnell in Wut oder Aggression um. Ewiges Grübeln und Die-Situation-Aushalten kann auch dazu führen, dass du dich irgendwann verzweifelt fühlst. Dann wird es gefährlich, denn diese Frequenz ist so niedrig, dass ein lichter Gedanke kaum eine Chance hat. Starte, solange du in deiner Kraft bist! Geh in die Klärung, Schritt für Schritt, ohne ein Drama zu inszenieren. Plane mehrere Gespräche ein (siehe Übung 5), mach dir keinen Zeitdruck. Aber mach den ersten Schritt.

Steig aus – aus dem Beautywahn

In den letzten Jahren ist der Hype um Kosmetik, Make-up und Beauty ins Unermessliche gewachsen. Jede Woche kommen neue Tiegel und Tuben auf den Markt – mit innovativen Cremes, Texturen oder Düften, die Wunder versprechen. Der Markt für Make-up boomt, die sozialen Medien treiben mit Beauty-Tutorials das

Geschäft. Die Welle der Reduzierung der Frau auf das perfekte Äußere rollt. Wir geben Unmengen Geld für Anti-Aging-Produkte aus, lassen uns aufpumpen, liften und straffen, vertuschen unser Alter. Wir lassen zu, dass uns Kosmetik- und Werbeindustrie ein Idealbild davon vorsetzen, wie eine Frau auszusehen hat, um als erfolgreich zu gelten. Wir lassen zu, dass der gesellschaftliche Druck, schön zu sein, stetig wächst. Und wir lassen zu, dass die nächste Generation vorgelebt bekommt, dass die äußere Erscheinung das Wichtigste ist, dass es zum Leben als Frau dazugehört, nach der Anerkennung des Mannes durch äußere Schönheit und eine perfekte Figur zu streben. Anstatt unsere Töchtern zu lehren, wie sie sich von innen, emotional und geistig nähren und ihren Selbstwert stärken können. Anstatt unsere Töchtern zu lehren, wie sie sich unabhängig machen von der Anerkennung anderer. Anstatt unsere Töchtern zu lehren, eine selbstbewusste, starke und freie Frau zu werden.

Fakt ist, älter werden ist für Frauen schwieriger. Es belastet uns, weil Schönheit mit Jugend und Jugend mit Macht gleichgesetzt wird. Genau darin liegt der Fehler, daher sitzt hier auch der Hebel. Altes Verhalten ist, wenn Frauen darum wetteifern, jung zu bleiben oder wenn sie andere Frauen nach deren Aussehen und Alter einordnen und bewerten. Wir müssen diesen Mechanismus erkennen und durchbrechen, denn er ist ein einziges Verlustgeschäft: Er hetzt uns gegeneinander auf und spielt der Schwächung der Frau in die Hände. Was wäre möglich, wenn wir alle, da wo wir gerade wirken, in unserem Denken und Handeln dafür sorgten, dass Schönheit anders definiert wird? Alle in Deutschland lebenden Frauen, zweiundvierzig Millionen[15] – was wäre möglich, wenn wir alle damit begännen, uns anders zu verhalten? Wenn wir die Denkweise Alt-gegen-Jung und Jung-gegen-Alt immer, wenn sie uns in unseren Familien, Freundeskreisen, Institutionen und Unternehmen begegnet, nicht mehr zuließen? Was, wenn wir alle für ein neues Verständnis davon sorgten, was Schönheit ist? Dass eine Frau schön ist, wenn sie von innen strahlt, wenn sie mit sich selbst im Einklang ist und sich so akzeptiert, wie sie ist? Was, wenn wir unseren Töchtern, Freundinnen und Kolleginnen helfen würden, diesen Zustand zu erreichen – anstatt Tipps auszutauschen, wie wir kurzfristig etwas jünger erscheinen? Was, wenn wir alle, zweiundvierzig Millionen Frauen, damit begännen, über die Vorteile des Alters zu sprechen, anstatt über die Nachteile zu jammern? Wenn wir davon schwärmten, dass es schön ist, Lebenserfahrung zu haben, dass es schön ist, im Alter zu wissen, was man alles nicht will, weil man dann endlich weiß, was man will? Dass Alter sensationell befreiend ist, weil es einem immer mehr egal wird, was andere denken? Dass Ältersein ein Geschenk ist, weil man seine Gefühle besser im Griff hat, die kleinen Freuden im Leben richtig genießt und sich so eine tiefe Zufriedenheit einstellt? Kurz: dass man strahlt, *weil* man älter ist? Was wäre, wenn wir alle, zweiundvierzig Millionen Frauen, natürliche Kosmetik nutzten und dadurch die Anti-Aging-Hysterie einfach ausbremsten?

Frage dich:

- » Wie oft jammere ich über das Älterwerden?
- » Wann versuche ich, mein Älterwerden zu vertuschen?
- » Wo lobe und bewundere ich künstlich erzeugte Schönheit?
- » Wo werte ich Frauen wegen ihres Aussehens ab?
- » Wann gebe ich das alte Schönheitsideal an jüngere Menschen weiter?

Reinige dich und knüpfe ein erhebendes Netzwerk

Die Natur zeigt uns, wie es geht, neu zu erblühen: Im Herbst macht sie sich bereit zum Rückzug, um den Winter in stiller Einkehr zu verbringen und neue Kräfte zu sammeln. Aus diesem Rückzug heraus wird das Neue geboren. Wir Menschen dagegen laufen immer gleich schnell weiter, Sommer wie Winter, Tag oder Nacht, schreien laut herum und wollen alles gleichzeitig haben. Wir haben keine Geduld für einen Rückzug, unser Verstand hat daher einfach entschieden, dass es keinen braucht. Und so haben wir vor langer Zeit vergessen, dass auch wir Stille und Einkehr benötigen, um uns neu zu besinnen. Dass auch für uns jedes Jahr eine Zeit der Innenschau notwendig ist, in der wir unser Handeln hinterfragen, uns von alten Energien reinigen und uns neu ausrichten. Die Folge ist, dass wir verlernt haben, auf uns selbst zu hören, unsere wahren Bedürfnisse zu spüren und unserer eigentlichen Bestimmung zu folgen. Noch schlimmer ist:

Über das Vergessen unserer eigenen Natur haben wir verlernt, mit der Natur, mit Mutter Erde und in ihrem Rhythmus zu leben. Wir haben uns abgetrennt von der Natur – und damit von der weiblichen Kraft. Es ist an der Zeit, dass wir Frauen den Mut haben, der Stille zu begegnen, dass wir den Mut haben zu Innenschau und Reinigung. Denn nur so können wir uns loslösen von den Erfahrungen, die uns blockieren, oder alten Glaubenssätzen, die uns davon abhalten, in unsere wahre Weiblichkeit zu kommen. Der Weg nach vorn ist der Weg zurück: zurück zu unseren Wurzeln, zurück zu unserer tiefen Verbindung mit der Natur, zurück zur wahren Weiblichkeit. Erst aus diesem Rückzug heraus wird auch für uns das Neue geboren: die erwachte Frau und der heile Mann, die gemeinsam ein neues Miteinander kreieren – das goldene Zeitalter des wahrhaftigen Miteinanders zwischen Mensch und Natur, Frau und Mann. Ein Miteinander, das auf innerer Freiheit beruht, auf echter Gleichberechtigung und gegenseitigem Respekt. Doch vorerst steht uns ein Reinigungsprozess bevor, der reinigende Sturm der Läuterung: Wir haben hinderliche Muster zu transformieren, blockierende Glaubenssätze loszulassen, eingeschlossene Seelenanteile und Emotionen zu erlösen und uns von fremden Energien zu befreien. Lass die gütige, strahlende Lichtkraft in die dunklen, angstbesetzten und unbewussten Winkel in dir leuchten. Lass sie alles Alte wegwehen, lass dich von den Flammen der Reinigung durchfluten. Löse dich von allen Verstrickungen, die sich in deinem Leben gebildet haben. Reinige dich und strebe nach dem heilenden Netz der

Weiblichkeit. So wirst du zurückgeführt zu deiner wahren Essenz. So befreist du deine unendlich große, mächtige Schaffenskraft und erkennst immer mehr deinen wahren Auftrag als Frau.

Die Zeitqualität rüttelt uns. Sie rüttelt an uns, denn es ist an der Zeit, in die Tiefe zu gehen. Es ist an der Zeit, das Dunkel zu erkennen und das sehende Licht zuzulassen. Es ist an der Zeit, sich der Transformation zu öffnen und die Wahrheit zu wählen, die ureigene. Reinige dich von allem, was dich belastet, von allem, was dich Kraft kostet. Lege frei, was verschüttet wurde im Laufe deines Lebens – was du durch Erfahrungen, die du nicht verarbeiten konntest, in dein Unterbewusstsein verbannt hast. Erkenne die Schatten, die unbewusst in dir wirken: versteckte Emotionen, negative Bewertungen über dich selbst, ein Persönlichkeits- oder Seelenanteil, der abgespalten wurde. Es ist wichtig, sie ans Licht zu holen. Es hängt viel davon ab, dass du sie erlöst – denn in diesem abgespaltenen Anteil, dieser verdrängten Emotion oder Bewertung ist Energie gebunden. Hier ist Kraft von dir gebündelt, auf die du nicht zugreifen kannst. Sie ist eingeschlossen und kann daher nicht fließen. Das birgt die Gefahr, dass sie getriggert wird, sobald sie dir im Außen begegnet – in Form eines Ereignisses, welches diese Emotion erzeugt, oder weil dir jemand durch sein Verhalten diese Emotion spiegelt. Das Ereignis ist dann eine Hilfe, denn es ist dazu da, dass sich der Anteil in dir lösen kann. Fast noch wichtiger ist: Das Verdrängen kostet dich in all der Zeit physische und emotionale Kraft, zieht dir Energie ab. Es ist, als ob du Erinnerungen in eine Tiefkühltruhe packst und diese dafür immer am Laufen halten musst. Je mehr du reinpackst, desto mehr Energie zieht sie. Wenn wir im Coaching Schattenarbeit machen, ist der Moment, in dem Abgespaltenes befreit oder ein Seelenanteil zurückgeholt wird, jedes Mal wie ein Wunder: unendlich befreiend und erlösend. Das Geschenk ist eine neue Leichtigkeit oder der Zugang zu einer Ressource, einem psychischen Anteil, durch dessen Integration du wieder in deine volle Kraft kommst. Ab dem Moment musst du die Tiefkühltruhe nicht mehr versorgen. Denk immer daran: Es geht nur darum, diese Erinnerung anzuerkennen, sie zu sehen und sich dadurch mit ihr auszusöhnen, mehr ist es nicht. Sie passiert dir nicht noch einmal und du musst auch nicht mit den Menschen sprechen, die dabei eine Rolle gespielt haben. Du kannst dich ganz für dich selbst davon befreien.

Vor einiger Zeit hatte ich eine Klientin, die mir von ihrem Muster erzählte, ihrem Partner gern alles recht machen zu wollen. Sie erzählte mir ein Erlebnis, das ihr das Extrem ihres Verhaltens offenbart hat. Sie war mit ihrem Freund im Baumarkt unterwegs, als er an der Bäckertheke spontan Lust auf den Zitronenkuchen in der Auslage hatte. Er wollte sich ein Stück kaufen, doch sie hielt ihn davon ab: sie könne doch sehr guten Zitronenkuchen backen, es sei eins ihrer Spezialrezepte, sie würde noch heute einen Zitronenkuchen für ihn backen. Es kam, wie es kommen musste: Die Einkäufe waren anstrengend, sie kamen spät nach

Kurz bevor die Sonne aufgeht,

ist die Nacht am dunkelsten.

Selma Lagerlöf (1858–1940), schwedische Schriftstellerin

Hause. Sie hatte null Energie mehr zum Kuchenbacken und er hatte inzwischen keine Lust mehr auf Zitronenkuchen. Und während sie spät abends den Kuchen zusammenrührte, ärgerte sie sich am meisten über sich selbst. Was hatte sie dazu verleitet, unbedingt diesen Kuchen backen zu wollen? Der Kuchen vom Bäcker hätte es genauso getan! Sie erkannte, dass sie gern das Lob dafür haben wollte, dass es ihr Bedürfnis nach Anerkennung war, welches dahinterstand. Und so ist es mit unseren Mustern: Sind sie unerkannt, verleiten sie uns zu dazu, Dinge zu tun, die wir eigentlich nicht wollen und die manchmal auch nicht das Bedürfnis befriedigen, das uns dazu angetrieben hat. Die Folge ist, wir verschwenden wertvolle Zeit und Kraft. Beginne, deine Muster zu hinterfragen und decke sie nach und nach auf.

Komm in deine weibliche Kraft: Übung 12

Erkenne deinen inneren Antreiber!

Kennst du das: Die anderen sind immer wichtiger als du selbst? Du stellst deine eigenen Bedürfnisse häufig für andere zurück? Es fällt dir schwer, nein zu sagen? Es könnte sein, dass der innere Antreiber »Mach es allen recht« dahintersteckt. Das ist erst mal völlig okay, denn er bringt dich dazu, viel Gutes zu tun, und er hat auch dafür gesorgt, dass sich dein Ego nie groß aufgeblasen hat. Doch wenn er zu stark ausgeprägt ist, kann es passieren, dass du selbst dabei auf der Strecke bleibst und nie zu dem kommst, was du eigentlich willst. Zunächst mal: Jeder von uns hat Antreiber – Glaubenssätze und Überzeugungen, die unsere Entscheidungen und Verhaltensweisen unbewusst beeinflussen. Sind sie überbetont, empfangen wir sie als innere Befehle und tun Dinge, die uns selbst nicht guttun. Unsere Hauptantreiber haben wir schon in unserer Kindheit erworben, indem wir die Erwartungen unserer Eltern abgespeichert haben. Oder die von anderen wichtigen Bezugspersonen wie Freunden, Erziehern oder Lehrern, die bestimmte Ansprüche an uns gestellt haben. Ohne dir darüber bewusst zu sein, denkst und handelst du nach dem Glaubenssatz »Ich werde nur akzeptiert und geliebt, wenn ich es allen anderen recht mache«. Es ist dir dann wichtiger, akzeptiert zu werden, als deine eigenen Ziele durchzusetzen. Beginne damit, deinem Antreiber auf die Schliche zu kommen und zu beobachten, wann genau er eine Rolle spielt:

- » Wann stimmst du anderen zu, obwohl du anderer Meinung bist?
- » Wann hältst du dich mit deiner Meinung zurück, um eine Auseinandersetzung zu vermeiden?
- » Wann und wie oft bestätigst du in Gesprächen dein Gegenüber durch ein zustimmendes Nicken oder Lächeln?
- » Wie oft tust du jemandem einen Gefallen, obwohl du das eigentlich gar nicht möchtest?
- » Bei wem und wann fällt es dir schwer, nein zu sagen?

» Wann schwächst du ab, was du sagst, indem du Worte nutzt wie »vielleicht«, »eigentlich« oder Floskeln wie »Ich bin mir nicht sicher, aber …«, »Es könnte sein, dass …«?
» Wie oft gehst du am Ende des Satzes mit deiner Stimme nach oben oder formulierst deine Sätze als Frage, obwohl du eigentlich einen Vorschlag oder eine Aussage machen willst?

Bald bekommst du ein gutes Gefühl dafür, wann dein Antreiber anspringt, und kannst damit beginnen, entgegenzuwirken. Setze dir immer, wenn der Antreiber dran ist, innerlich einen sogenannten Erlauber. Sage ihn dir genau in dem Moment, in dem dein Antreiber dir seine Botschaft sendet und du damit starten willst, es jemand anderem recht zu machen. Du wirst die innere Entspannung direkt spüren, denn es ist eine psychochemische Reaktion. Hier einige Beispiele für Erlaubersätze:

» Ich darf nein sagen.
» Ich darf meine Bedürfnisse ernst nehmen.
» Ich darf für mich sorgen.
» Meine Bedürfnisse und Wünsche sind mir wichtig.
» Ich bin gut, so wie ich bin.
» Ich muss nicht bei allen beliebt sein.
» Es ist eine Illusion, von allen geliebt zu werden.

Finde deine eigenen Erlaubersätze, schreibe sie dir auf Zettel, lege sie auf deinen Schreibtisch oder klebe sie an deinen Kühlschrank, sprich sie auf dein Handy auf, höre sie dir jeden Tag an. Nutze sie jeden Tag. Bald wirst du mehr und mehr Gestaltungsspielraum für dein Leben, für dich haben. Du wirst dich befreit fühlen, glücklicher und erfüllter.

Nicht immer sind es gleich die großen Themen des Lebens wie unsere Muster, die bei der Reinigung eine Rolle spielen. Manchmal geht es auch nur darum, etwas abzuschließen, etwas loszulassen, eine alte Wunde zu heilen, etwas zu vergeben oder leer zu werden, um wieder empfangen zu können. Der Reinigungsprozess hat viele Schichten: Wie bei einer Zwiebel entfernst du mit jeder Session, die du machst, mit jedem Ritual, an dem du teilnimmst, mit jeder Lektion, die du dir erarbeitest, Schale um Schale. So lüftest du nach und nach die Schleier, die sich um dein Seelenlicht gelegt haben. Nur so legst du die Kräfte der Erneuerung frei. Es ist hilfreich, wenn du dich dafür mit anderen Menschen verbindest, die dich liebevoll im Prozess des Zulassens, Erkennens und Annehmens unterstützen.

Von Anbeginn der Zeit kamen Frauen dafür in Kreisen zusammen und nährten sich mit der Urkraft der Schwesternschaft. Sie wussten, dass sie sich aufeinander verlassen konnten, dass sie niemals alleine waren und dass in ihrem Kreis alles sein durfte: lachen und weinen, tanzen und singen, trösten und stärken. Sie waren in tiefem Vertrauen miteinander verbunden und trugen sich durch die Höhen und Tiefen des Lebens. Doch mit der Abtrennung von der Natur und der weiblichen Kraft verloren sich auch die Schwesternschaften. Neid und Missgunst schlichen sich ein und aus dem Miteinander wurde ein Gegeneinander, aus Vertrauen wurde Verrat. Erinnere dich an die Kraft des Kreises, denn es ist an uns, die wahre Schwesternschaft wieder zum Leben zu erwecken. Es ist an uns, dass wir Frauen wieder zusammenfinden, um gemeinsam durch unsere Reinigung zu gehen und uns in unserer Selbstermächtigung gegenseitig zu unterstützen. Schließe auch du dich einem Frauenkreis an, in dem du dich sicher und geborgen fühlst, der ein Rückzugsort für dich ist. Fühle die Verbundenheit im Kreis der Frauen: ein Kreis von Menschen, bei denen du niemand zu sein brauchst und wo du nichts beweisen musst. Menschen, die füreinander da sind, die sich zuhören und sich darin bestärken, Neues zu wagen. Menschen, die dir den Raum dazu geben, dich zu öffnen, um alte Muster zu erkennen und zu überwinden. Nutze diese Chance, um auf deiner Heilreise voranzukommen. Sende deine Intension aus und du wirst den Kreis von Menschen finden, der jetzt gerade richtig für dich ist. Solange du die Schuld für die Umstände deines Lebens auf andere schiebst, ist es nicht möglich, sie zu verändern. Wechselst du deine Perspektive und nimmst die Verantwortung an, dass du für die Umstände in deinem Leben selbst zuständig bist, kannst du Lösungen kreieren. Sobald du mit dem Neuen startest, tappst du nicht mehr in jede alte Falle – und bald darauf wirst du es schaffen, einen ganz anderen Weg zu wählen, einen, der gesünder für dich ist.

Ich lade dich ein, diesen Weg mutig zu gehen.

Sei Weberin der Harmonie

Höre auf zu kämpfen. Lass den Kampf los. Geh in die Natur und fühle die guten Kräfte, die um dich herum weben. Schwing dich in deinen natürlichen Rhythmus ein, den Pulsschlag der Erde. Komm zur Ruhe. Lass alles, was in dir anklopft, kommen und gehen: bis die Stimmen in deinem Kopf leiser werden, die Wellen deiner Emotionen sich beruhigen, deine Ängste schweigen und sich Leere in dir ausbreitet. Sei wach, hellwach. Lausche, spüre und empfange: Empfange die Kraft des Lichts mit offenem Herzen. Richte dich in den hohen Energien des Himmels aus und gib dich mit ganzem Herzen hin. Lass dich ein auf die stets Harmonie erschaffenden Rhythmen des Kosmos, pulsiere wieder lebendig mit ihnen. Jeder von uns ist ein Verstärker, mit allem, was wir denken, sprechen und tun: Jedes schlechte, arglistige Denken und Wollen durchzieht das Weben wie ein Schatten, zerstört seine Schönheit und Harmonie. Jedes gute, fördernde Denken und Wollen zieht leuchtend die Fäden und webt in vollkommener Weise, Schönheit und Harmonie verbreitend.[13] Es ist nicht möglich, dass ein Gedanke oder Wollen zu dem Guten ohne geistige

1. Ich gehe die Straße entlang.
Da ist ein tiefes Loch im Gehsteig.
Ich falle hinein.
Ich bin verloren …, ich bin ohne Hoffnung.
Es ist nicht meine Schuld.
Es dauert endlos,
wieder herauszukommen.

2. Ich gehe dieselbe Straße entlang.
Da ist ein tiefes Loch im Gehsteig.
Ich tue so, als sähe ich es nicht.
Ich falle wieder hinein.
Ich kann nicht glauben, schon wieder
am selben Ort zu sein.
Aber es ist nicht meine Schuld.
Immer noch dauert es sehr lange, herauszukommen.

3. Ich gehe dieselbe Straße entlang.
Da ist ein tiefes Loch im Gehsteig.
Ich sehe es.
Ich falle immer noch hinein –
aus Gewohnheit.
Meine Augen sind offen, ich weiß,
wo ich bin.
Es ist meine eigene Schuld.
Ich komme sofort wieder heraus.

4. Ich gehe dieselbe Straße entlang.
Da ist ein tiefes Loch im Gehsteig.
Ich gehe darum herum.

5. Ich gehe eine andere Straße entlang.

»Das tibetische Buch vom Leben und Sterben«

Hilfe, ohne Stärkung oder Trost bleibt. Doch auch wir Menschen, insbesondere wir Frauen, haben einen klaren Auftrag im Schöpfungsweben, denn es erfolgt in wechselndem Kreisen von Geben und Nehmen, es erfolgt in einer Art Wechselströmung. Wir alle können, einer Schale gleich, geistige Kraft aufnehmen und zurückgeben. So, dass auch wir Menschen dazu beitragen, die Harmonie und Schönheit der Schöpfung zu erhalten.

Du bist Teil des Schöpfungswebens. Erhöre deinen Ruf.

Wir sind die, die die Welt in ein neues Bewusstsein weben. Wir sind die, die wieder Würde, Harmonie und Schönheit in den Umgang miteinander und mit der Natur bringen. Würde ist der Pfad, den es wiederzufinden gilt, der Pfad, auf dem wir uns befreien können. Lass dein Herz eine harmonische Umgebung schaffen: Segne die Menschen um dich mit guten Gedanken und Absichten, begegne ihnen mit Liebe. Übernimm die leuchtende Aufgabe, zur Erschaffung einer harmonischen Umgebung beizutragen. Schreite mutig voran, hilf dem Licht, dass es sich durch deine Absicht verstärken und zum Positiven wirken kann. Es liegt in deiner Hand, ihm zu antworten und seinen Ruf nicht zu überhören. Dienst du dem Licht mit Hingabe, wirst du empfangen. Gehst du den ersten Schritt, kommt es dir entgegen – aber du musst den ersten Schritt machen. Mögen diese Zeilen dir eine Brücke sein.

Niemand rettet uns, außer wir selbst.

Niemand kann und niemand darf das.

Wir müssen selbst den Weg gehen.

Siddhartha Gautama (500 v. Christus),
Begründer der buddhistischen Religion

Die Ursache für den Schmerz in uns, Männern und Frauen, ist die Trennung vom großen Ganzen. Unsere Urwunde ist die Trennung vom Göttlichen, die Trennung von der Quelle – und damit die Trennung von uns selbst. Die Überbewertung des Verstandes und des rationalen Umgangs mit uns selbst hat dazu geführt, dass wir uns von unserem Ursprung, der Verbindung mit der Natur und der geistigen Welt, abgeschnitten haben. So, dass wir nicht mehr spüren können, dass wir mit allem verbunden sind. Gefühle der Einsamkeit, innerer Leere und Ängste sind die Folge. Es ist schmerzhaft für uns, wenn wir uns von anderen getrennt fühlen – weil wir von uns selbst getrennt sind. Der Schlüssel, wieder in dein Urvertrauen, in Liebe und Harmonie zu kommen, liegt darin, dass du dich mit dir selbst verbindest.

Komm in deine weibliche Kraft: Übung 13

Verbinde dich mit deinem inneren Kind!

» Wenn du dich ängstlich fühlst, wenn du den unendlichen Schmerz der Trennung spürst, wenn du dich vom Schleudergang des Lebens zerrissen fühlst – gehe in dich, ganz tief, und halte dein inneres Kind, den ängstlichen, weinenden, leidenden Anteil in dir.

» Stell dir vor, wie du es im Arm hältst und hin und her wiegst. Bleibe in der Rolle der Erwachsenen, erkenne: »Es ist ein Teil von mir, aber das bin nicht ich«. Durch diese gesunde Distanz bleibst du im Mitgefühl, aber fällst nicht ins Mitleiden. Du bleibst in deiner Kraft und kannst dadurch dein inneres Kind heilen.

- » Sprich in einem inneren Dialog mit deinem inneren Kind, tröste es, rede ihm gut zu und halte es, bis es sich besser fühlt. So viele Male, bis die Trennung zu Ende gefühlt ist. Lass nicht zu, dass dein Verstand anfängt, dieses Ritual zu bewerten. Egal, wie sehr dein inneres Kind leidet, egal, wie oft du diese Übung machen musst, es ist, wie es ist, fertig.
- » Achte darauf, dass du nicht aus diesem großen Schmerz heraus im Außen danach suchst, dass zum Beispiel dein Partner das Gefühl von Angst, Schmerz oder Trauer in dir wandelt. So bleibst du in der Bedürftigkeit gefangen und genau durch diese Erwartung kommst du ins Klammern. Manche versuchen auch, diese Gefühle mit Zigaretten, Alkohol, Sex oder anderen Drogen zu betäuben. Dabei haben wir den Schlüssel für unsere Heilung selbst in der Hand, wir müssen nur die Verantwortung dafür übernehmen.

Indem du dich wieder mit deinem inneren Kind verbindest, heilst du dich. Ab dann wird es für dich in Ordnung sein, auch mal nur mit dir selbst zu sein: Du bist allein, aber nicht einsam. Du bist physisch allein, aber in deinem Inneren bist du mit allem verbunden. Und diese Verbindung erzeugt das Gefühl von tiefem Frieden und überwältigender Freude. Es ist ganz entscheidend, dass du deine Fähigkeit trainierst, diesen guten inneren Zustand in dir hervorrufen zu können. Je mehr es im Außen stürmt, je dramatischer die Umstände um dich sind, desto wichtiger ist es, dass du eine Methode für dich hast, wie du innerlich ruhig und stabil wirst. So, dass du standhalten kannst, egal was im Außen ist. Es ist eine Herausforderung, ja, manchmal klappt es schnell und manchmal dauert es ewig. Man muss es üben, so wie man eine neue Sprache lernt oder ein Instrument. Trainiere deine Ausdauer darin, gut für dich selbst zu sorgen. Gibst du das Üben dafür auf, gibst du dich ein Stück weit selbst auf. Frieden mit dir selbst ist nichts, was du dir zulegen kannst. Es ist das Freilegen von etwas, das längst in dir ist. Frieden kann man nicht wollen, denn Wollen ist Absicht und die schafft Mauern. Schließe Frieden mit deiner Geschichte, hüte dein inneres Kind und lass dich so sein, wie du bist. Du musst nicht mehr sein, wer du nicht bist. Du musst nicht mehr werden, wer du sein sollst. Frieden ist, wenn du mit dir verbunden bist. Innerer Frieden ist das, was dich strahlen lässt. Bist du im Frieden mit dir selbst, leistest du den wichtigsten Beitrag für die Welt: Wer in sich heil ist, kann im Außen Heilung erzeugen anstatt Spaltung. Wer mit sich in Verbindung ist, kann im Außen Miteinander erzeugen statt Gegeneinander. Wer in sich Frieden spürt, kann im Außen Frieden erzeugen statt Kampf. Hüte den Frieden in dir. Frieden ist Liebe.

»

Um zu erwachen,

müssen wir nichts loswerden.

Erwachen heißt zu erkennen,

dass die Trennung niemals existiert hat.

Arjuna Nick Ardagh (*1957), Autor,
Begründer Awakening Coaching Training

«

Vierter Weg: Durchschaue die perfekte Täuschung

Sieh die Realität und erwache

Dem Verstand vollkommen zu vertrauen, war ein Irrtum. Unsere Macht komplett an ihn abzugeben, war unser größter Fehler. Wohin hat es uns geführt? Der Risikobericht des World Economic Forums (WEF) 2020 zeichnet ein verheerendes Bild vom Zustand der Erde: »Erstmals ... belegen die Gefahren des Klimawandels und damit verbundene Umweltrisiken alle fünf Spitzenplätze der wahrscheinlichsten Bedrohungen in den kommenden zehn Jahren«, so das »Handelsblatt«.[16] »Von Wetterextremen über fehlenden Klimaschutz und Naturkatastrophen ... bis hin zu von Menschen verursachten Umweltschäden ... Der Klimawandel trifft uns härter und schneller, als viele es erwartet haben«, so die WEF-Experten. Man könnte jetzt sagen: Die Politik ist schuld. Doch jeder trägt selbst die Verantwortung für das, was er tut oder nicht (mehr) tut. Jeder Mensch hat die Wahl, wo er einkauft und was, ob er klimafreundlich reist oder nicht und wie viel Luxus er konsumiert. Ein Großteil der Probleme heute existiert, weil viele von uns nur auf ihren eigenen Vorteil bedacht sind und es Unternehmen hauptsächlich darum geht, möglichst viel Profit zu machen. Und das, ohne dabei nach rechts oder links zu schauen. Extremfälle kennen wir aus der Finanzbranche: Ignoranter, ego-getriebener und gieriger kann man eine Manager-Elite gar nicht beschreiben.

Es fehlt an Empathie und am Blick auf das große Ganze.

Die Finanzkrise 2008 brachte es ans Tageslicht: Nachweislich nutzten Banken ihren Informationsvorsprung gegenüber Bürgern und Unternehmen, um Geschäfte zu ihrem Nutzen zu machen.[17] Sie schufen Produkte und verschleierten deren Risiken, was sich für das Weltfinanzsystem als fatal herausstellte. Auch der Rückkauf eigener Aktien durch Konzerne steht diesem Verhalten an Arroganz in nichts nach: Man kaufte aus den Gewinnen einfach eigene Aktien, verschönerte damit die Kategorie »Gewinn pro Aktie« und trieb Kurse in die Höhe. Aber auch in anderen Branchen, wie der Pharmaindustrie, gibt es schockierende Beispiele, die zeigen, dass rücksichtslose Profitgier über allem steht. Wie sonst konnte der deutsche Chemie- und Pharmakonzern Bayer trotz bestehender Vorwürfe wie Bestechung, Einflussnahme auf Politik und Medien oder Fälschung von Forschungsergebnissen gegen den US-amerikanischen Saatgut- und Pflanzengifthersteller Monsanto die gigantische Summe von dreiundsechzig Milliarden Dollar für dessen Übernahme zahlen? Da fragt man sich: Zählen ethische Werte überhaupt noch? Es geht nur um eins: Der Profit muss stimmen.

Die Welt ist aus dem Gleichgewicht geraten.

Ganz schleichend haben wir uns an das Wesen des Kapitalismus gewöhnt: Wird ein Medikament entwickelt, geht es nicht darum, eine Krankheit zu bekämpfen. Wird eine ertragreichere Pflanze entwickelt, wird dies nicht genutzt, um den Hunger auf der Welt zu lindern. Produkte werden hergestellt, um sie mit möglichst hohem Profit zu verkaufen. Das Ergebnis: Wir stehen vor einem gigantischen Scherbenhaufen – denn Profitgier hat unsere Umwelt, Böden und Meere zerstört. Die Welt ist aus dem Gleichgewicht geraten. Die Menschheit hat Wege gewählt, die in eine Sackgasse führen. Und man fragt sich: Wie konnte es nur so weit kommen? Wie konnte die Gier über das Menschsein siegen? Wie konnten wir so blind werden, dass wir uns selbst zerstören?

Erkenne unser Verhängnis: der Trennungsirrtum

Wir haben gelernt: nur Leistung zählt. Dass es einzig und allein darum geht, beste Noten zu haben, ein Einser-Abitur, ein erfolgreiches Studium, einen angesehenen Job. Also haben wir uns darauf konditioniert, Wissen schnell zu reproduzieren, uns selbst unter Druck zu setzen und zu Höchstleistung zu zwingen. Selbst dann, wenn unser Körper schon längst Signale gesendet hat, dass er Ruhe brauchte. Um das durchzuhalten, haben wir jahrelang trainiert, unsere Bedürfnisse zu unterdrücken, Gefühle zu verdrängen und unsere innere Stimme konsequent zu ignorieren. Im Wettbewerb um den höchsten IQ haben wir den Verstand hochgezüchtet. Wir haben verlernt, wie man emotional gut für sich selbst sorgt, wie man Bedürfnisse kommuniziert oder wie man sich mit seiner Seele verbindet. Das verheerende Ergebnis: Wir haben uns abgetrennt vom echten Empfinden, von unserem

Herzen und unserer Intuition – und damit von unserem natürlichen Zugang zu allem Geistigen. Wir können die Verbindung nicht mehr spüren. Wir können sie in Zeiten der inneren Not nicht mehr aufnehmen. Wir können nicht mehr nachfühlen, ob unser Tun und unser Verhalten zu unseren höheren Zielen, unserer Lebensaufgabe und den Naturgesetzen passen.

Unsere Macht an den Verstand abzugeben, war unser größter Fehler.

Es scheint, als könnten wir uns selbst nicht mehr korrigieren. Die Bahn ist frei für ein rationales, begrenztes Denken, Bewerten und Handeln. Ein schlichtes »Was bringt es mir?« genügt dem Verstand. Damit überlassen wir den niederen Motiven das gesamte Spielfeld: Handeln und Agieren aus Ichsucht, Habgier und Allmachtsfantasien stehen auf der Tagesordnung unseres gesellschaftlichen Lebens. Wir erleben Politiker, die öffentlich lügen oder Millionen Steuergelder verbrennen – ohne jegliches Schamgefühl. Wir erleben Unternehmen, die ihre Produkte unter unmenschlichen Arbeitsbedingungen in Billiglohnländern produzieren lassen und fette Gewinne schreiben – ohne jegliches Verantwortungsgefühl. Wir erleben Menschen, die die idyllischsten Orte der Natur genießen, ihren Müll jedoch liegen lassen – ohne schlechtes Gewissen. Die meisten Menschen agieren ohne Bewusstsein und ohne Gefühl für das große Ganze. Durch die Alleinherrschaft des Verstandes und die Abtrennung von Herz und Intuition konnten sich unser Ego und niedere Motive ungebremst entfalten.

Jeder ist sich selbst der Nächste. Der ungebremste Wunsch nach Individualität hat dazu geführt, dass sich Menschen immer ichbezogener verhalten. Das Ellbogenprinzip am Arbeitsplatz wird immer häufiger nicht mehr aus Abstiegsangst, sondern aus Aufstiegssucht praktiziert. Das Gesetz zur Frauenquote musste eingeführt werden, damit sich Männer die hoch dotierten Posten in Führungspositionen und Aufsichtsräten nicht mehr nur untereinander zuschachern. Das ändert natürlich nichts daran, dass sie weiterhin für Jobs gleicher Qualifizierung mehr verdienen als Frauen. Unsere Gesellschaft krankt an Egoismus und Geltungssucht. So konnte sich das grassierende Phänomen der Helikopter-Eltern durchsetzen. Eine ganze Generation wächst auf, ohne die Erfahrung zu machen, was es heißt, Verantwortung für sich selbst und andere zu übernehmen.

Jegliches Korrektiv aus dem inneren System fehlt.

Wir dürfen uns nicht länger nur auf unseren Verstand verlassen. Wissen ist, was das Gehirn begreifen kann. Doch das Gehirn ist begrenzt, es ist an Raum und Zeit gebunden, es kann die Unendlichkeit des Alls nicht fassen. Das Gehirn kann sich nicht erklären, wohin die Seele geht, wenn sie aus dem Körper austritt. Es leugnet Geistiges, weil es das Geistige nicht begreifen kann. Die geistige Welt und die universelle Energie liegen außerhalb unseres Verstandes. Unser Verstand, der krampfhaft versucht, Geistiges in seine analytische Struktur zu ordnen, zu systematisieren und zu bewerten, ist das Hindernis. Er erzeugt die Trennung, die wir als Schmerz in uns fühlen können. Das Getrenntsein vom Geistigen führt dazu, dass wir uns einsam fühlen, sobald wir keine Ablenkung im Außen mehr haben. Das Getrenntsein vom Geistigen führt dazu, dass uns Schattenenergien einfangen – und wir in Angst kippen, anstatt im Vertrauen zu bleiben. Dabei sind wir mit allem verbunden: mit allen Menschen. Mit der Natur und allen Wesen. Mit dem Licht. Mit der Schöpferkraft. Mit dem Jenseits. Wir brauchen nur bewusst ins Empfinden und in die Absicht der Verbindung gehen – und schon können wir spüren, wie sie uns zufließt, die geistige Kraft. Wie sie uns stärkt und klarer macht: Sind wir angebunden, wissen wir, was richtig ist und was falsch. Wir spüren, wo wir unsere Energie hineingeben wollen und wo es Zeit ist, loszulassen. Die Verbindung mit der universellen Kraft gibt uns die Stärke, Unsicherheit und Nichtwissen aushalten zu können – und nicht daran zu verzweifeln. Sie lässt uns unsere eigene Macht spüren, sodass wir uns den Ereignissen im Außen nicht mehr ohnmächtig ausgeliefert fühlen. Die Verbindung mit der geistigen Kraft bewirkt, dass wir uns immer mehr erinnern: an unsere wahre Größe. An unsere wahren Fähigkeiten und daran, wozu wir hier sind.

Mach deinen Verstand zum Diener deines Geistes.

Das gelingt nur, wenn wir nicht denken. Wenn wir gerade nicht geschäftig sind und durch unser Leben hasten. Wenn wir gerade nichts beweisen müssen. Im Kopf sein, zu viel grübeln und bewerten – das ist das verhängnisvolle Muster, die Barriere, die zwischen uns und der Anbindung an die universelle Energie steht. Der Verstand ist schlau und versucht ständig, uns von geistiger Verbindung abzuhalten. Haben wir zum Beispiel den Impuls: »Komm, mach jeden Morgen ganz in Stille dein Yoga« – haut der Verstand dazwischen: »Check lieber erst mal deine Mails«, »Du musst aber erst noch das Angebot fertigmachen« oder »Erst mal brauchst du einen Kaffee«. So fallen wir immer wieder in unsere Gewohnheiten zurück. Ins Noch-schneller-und-noch-mehr-tun-Müssen, weil wir glauben, dann sicher zu sein. In Routinen, die angenehm sind und die uns für einen Moment ein gutes Gefühl geben. Kurz gesagt, in Verhaltensmuster, die uns auf dem geistigen Weg nicht weiterbringen. Das Ergebnis: Wir bleiben in unserer Entwicklung stehen und bemerken es nicht. Manchmal viele Jahre oder ein ganzes Leben. Manchmal mehrere Leben.

Verbinde dich mit deinem Herzen

Geschäftigkeit ist die verbreitetste Form der Vermeidung, im Hier und Jetzt zu sein. Doch ohne Jetzt kein Einlassen auf den Moment, ohne das Einlassen auf den Moment keine Hingabe und ohne Hingabe keine Nähe. Wenn du stets geschäftig bist, vermeidest du Nähe. Schnell noch dies und das zu tun, trennt dich von dir selbst und den Menschen ab. Es schafft die Distanz, die dich abhält vom Spüren, von deiner Gefühlswelt und damit von einem Leben in Fülle. Sich-Einlassen auf den Moment ist Hingabe an das, was ist. Erlaube dir, anzuhalten. Erlaube dir, im Moment zu sein. Gehe täglich in die Verbindung mit deinem Herzen, in die Verbindung mit dem Geistigen. In deinem Herzen befindet sich dein Geistfunken, ein Funken deiner Seele. Dein Herz kennt deinen Seelenweg, deine Lebensaufgabe. Es weiß, was du dir für dieses Leben vorgenommen hast. Dein Herz ist verbunden mit deinem höheren Selbst. Stell deine Fragen und empfange. Dein Herz und deine Empfindung sagen dir, was richtig für dich ist. Lass dich von der Kraft der Stille führen. Du kannst alles empfangen, was für dich wichtig ist, alles, was du brauchst – über das Empfinden. Deine Empfindungsfähigkeit ist dein Altar. Du musst nicht ein Jahr ins Sabbatical nach Indien, um angebunden zu werden. Du musst keinen Guru finden, der das für dich tut. Du kannst es selbst tun. Trainiere deine Empfindungsfähigkeit. Dein Herzraum ist dein Schöpfungszentrum, von dem aus du kreierst und erschaffst. Erlaube dir, ganz in deinem Herzraum präsent zu sein. Halte Gedanken an, die dich ablenken oder stressen. Meist springen unsere Gedanken in die Vergangenheit und wir grübeln über etwas nach, darüber, was wir hätten anders machen sollen.

> **Trainiere deinen Geist darin, still und klar zu werden.**

Oder wir springen in die Zukunft und denken daran, was alles passieren könnte. Ängste melden sich und wir schalten um ins Tun, damit sie sich beruhigen. Achte auf deine Gedanken. Dann wirst du merken, dass deine Angst unbegründet ist. Dass du dir das Problem durch deine Gedanken gerade selbst erschaffst. Es ist nur in deinem Kopf, nicht real. Mit diesem Mechanismus hat der Verstand uns über Jahrzehnte kleingehalten – indem er uns von Herz und Intuition abgetrennt hat. Bleib in der Verbindung. Trainiere dich darin, tagsüber immer wieder in die Verbindung zu gehen. Sei präsent und empfange.

Komm in deine weibliche Kraft: Übung 14

Verbinde dich mit deinen geistigen Helfern!

» Suche dir einen ruhigen Platz, vielleicht an einem Fenster mit Blick in den Garten oder den Himmel, mach dir diesen schön – mit Blumen, einer Kerze, einem Sitzkissen.

» Atme ein paarmal tief ein und aus, schließe die Augen, schalte das Außen ab. Sitz ein paar Minuten in innerer Stille.

» Sage dir im Geiste »Ich verbinde mich mit meinem Herzen« oder »Ich verbinde mich mit meiner Seele«. Tauche ein in die Präsenz. Halte sie. Verstärke sie.

» Verbinde dich mit deinen geistigen Helfern, deinem Geistführer. Sage dir innerlich: »Ich grüße meine geistigen Helfer« oder »Ich bitte um Führung« , »Was ist gerade wichtig für mich?« Stelle deine Fragen und lausche. Die Antworten kommen als Empfindung. Empfange sie, spüre sie. Schreibe sie dir am besten auf. Dein Verstand mag es nicht glauben, aber dein geistiges Team ist immer da, um dir zu helfen. Du bist nicht allein.

- Fühlst du dich gerade ängstlich, verlassen oder verzweifelt, kannst du auch eine Bitte senden, einen Herzenswunsch: »Ich bitte um Schutz und Segen für ...«, »Bitte hilf mir, dass ...« Du kannst so auch um Vergebung bitten. Tief empfundene Reue bekommt immer Hilfe. Dieses kleine Gebet wird dein Gefühl in Zuversicht und Vertrauen wandeln.
- Wenn du das Gefühl hast, du bist irgendwie blockiert, etwas in dir ist in einem Widerstand, stellt dir vor, dass weißes Licht von deinem Kronenchakra durch deinen ganzen Körper fließt, ein klares, positives Licht, leite es durch deinen Körper, durch alle Chakren und strahle es durch dein Herz hinaus. Spüre, wie es in dir leichter wird, lichter, wie deine Energie ins Fließen kommt, wie es um dich herum strahlt. Bleib ein paar Minuten so.

Wiederhole diese Übung jeden Tag für zehn Minuten, direkt am Morgen oder abends – dein Austausch mit der geistigen Welt wird von Tag zu Tag intensiver und erfüllender werden. Vertraue deinen Empfindungen. Wenn es dir schwerfällt, tief in dein Herz zu spüren, kann es sein, dass es von emotionalen Blockaden umgeben ist. Dr. Bradley Nelson machte vor Jahren die bahnbrechende Entdeckung der Herzwand, einer Ansammlung eingeschlossener Emotionen rund um das Herz, die vor weiteren Verletzungen schützen soll. Diese energetische Wand kann uns daran hindern, tiefe Verbindungen einzugehen, Liebe zu geben und zu empfangen. Sie kann dazu führen, dass man sich isoliert fühlt, obwohl man von liebevollen Menschen umgeben ist, oder dass man das Gefühl hat, nicht dazuzugehören. Es kann sein, dass es einem schwerfällt, positive Gefühle zu empfinden – man dagegen aber in negativen hängenbleibt.

Nur wer sich selbst liebt, kann andere lieben.

Mach den Spiegeltest und schau, wie es um deine Selbstliebe bestellt ist. Stelle dich dazu vor den Spiegel, schau dir eine Minute in die Augen, sage deinen Namen und »Ich liebe dich«. Fällt es dir leicht? Erzeugt es Freude, ein Lächeln, wärmt es dir das Herz? Dann ist dein Fass an Selbstliebe gut gefüllt. Fällt es dir schwer? Wendest du dich von dir ab, findest die Übung blöd? Dann liegt hier ein Thema, an dem es sich zu arbeiten lohnt. Liebe ist der Klebstoff des Universums, Liebe ist das, was alles zusammenhält. Selbstliebe ist somit der Klebstoff, der dich in Verbindung mit dir selbst hält und in Verbindung mit allem im Außen. Es ist eigentlich ganz einfach: Wenn ich mich annehme, wie ich bin – bin ich in Verbindung zur Welt. Wenn ich mich nicht annehme, wie ich bin – trenne ich mich ab von der Welt und bringe Störungen in Beziehungen aller Art, zu meiner Partnerin oder meinem Partner, meinen Kindern, Kollegen, Nachbarn, zu Geld und so weiter. Selbstliebe ist eine klare, bewusste Entscheidung, denn sie ist nicht selbstverständlich da. Sie hat viel damit zu tun, was uns in den ersten Lebensjahren von unseren engsten Bezugspersonen vermittelt wurde. Es ist wichtig, sich darum zu kümmern, in einer guten Verbindung mit sich selbst zu sein und sich zur Priorität Nummer eins zu machen – ohne sich dabei über andere zu erhöhen. Wenn du dich selbst liebst, bist du im Einklang und in Harmonie mit dir. Du wirst innerlich ruhiger, entspannter und glücklicher.

Du kannst mit anderen liebevoller umgehen und erhältst als Wirkung mehr Liebe zurück. Wer regelmäßig an seiner Selbstliebe arbeitet, wer immer mehr seinen eigenen Wert erkennt, hilft damit auch immer der Welt.

Komm in deine weibliche Kraft: Übung 15

Stärke deine Selbstliebe!

Frage dich:

» Was sind meine Bedürfnisse? Was brauche ich, um mich glücklich zu fühlen?

» Was kann ich tun, um meine Bedürfnisse mehr zu erfüllen? Wer kann mir dabei helfen?

» Was habe ich heute besonders gut gemacht? Womit habe ich mich heute selbst überrascht?

Beobachte dein Verhalten über sieben Tage. Notiere dir die Antworten, beginne mit der Umsetzung. Frage dich dann weiter:

» Helfe ich anderen, weil ich es will? Oder mache ich es, weil ich muss, weil es andere verlangen? Dann beende das. Hilf anderen nur, weil du es willst. Nur dann kann die Energie, die du gibst, zu dir zurückfließen und dein Selbstwertgefühl stärken.
» Frage dich: »Was liebe ich an mir? Was finde ich an mir selbst richtig gut?« Nimm ein Video davon mit deinem Handy auf, eine Minute. Nur für dich. Sieh es dir häufig an, mach es immer besser oder länger – bis du dich richtig glücklich damit fühlst.

»Eines Abends saß ein alter Cherokee-Indianer mit seinem Enkel an einem Lagerfeuer. Die Nacht hüllte sich bereits in Dunkelheit, man hörte nur das Knistern des Feuers und über ihnen erstreckte sich ein funkelnder Sternenhimmel. Der Enkel beobachtete die lodernden Flammen. Er war voller Fragen über das Leben und fragte seinen Großvater: ›Wieso sind manche Menschen im Leben so glücklich und manche so unglücklich?‹ In den Augen des Großvaters spiegelten sich die Flammen des Feuers, in welches er nachdenklich blickte. Dann sah er seinen Enkel an und sagte: ›In jedem von uns leben zwei Wölfe. Ein weißer und ein schwarzer Wolf. Der weiße Wolf verkörpert alles Gute. Er steht für Mitgefühl, Freude, Gerechtigkeit, Liebe, Dankbarkeit, Vertrauen, Wahrheit und all das Licht in uns. Der schwarze Wolf hingegen verkörpert alles, was schlecht ist in uns. Er steht für das Negative, Angst, Wut, Neid, Eifersucht, Sorgen, Gier, Selbstmitleid, Lügen und vieles mehr. Zwischen diesen Wölfen findet ein immerwährender Kampf statt. Er findet auch in dir und in allen anderen Menschen statt, denn in jedem von uns leben diese beiden Wölfe.‹ Der Enkel dachte über das nach, was sein Großvater gesagt hatte, und fragte dann neugierig: ›Welcher der beiden Wölfe gewinnt?‹ Der alte Indianer lächelte seinen Enkel liebevoll an und sagte: ›Der, den du fütterst.‹« (Indianische Weisheit)

Gerade erleben wir im Außen so viel Spaltung und Trennung wie nie zuvor. Es rüttelt uns auf so vielen Ebenen so durch, wie wir es noch nie erlebt haben. Es ist wichtig, jetzt ganz bei sich zu bleiben – ganz auf sich selbst und sein Herz zu vertrauen. Unser Herz hat geschlagen, bevor wir denken konnten. Wir können ihm deutlich mehr vertrauen als dem, was sich in unserem Verstand abspielt. Bevor du kommunizierst, fokussiere dich darauf, was du fühlst: Die Welt braucht Menschen, die sich aus ihrem Herzen heraus miteinander unterhalten, die aus ihrem Herzen heraus aufeinander zugehen. Versuche, die Meinungen anderer zuzulassen. Du musst nicht alles annehmen, aber du kannst die Dinge stehen lassen und sagen: ›Das ist eine andere Sicht als meine, es ist okay‹. Durch das Chaos im Außen, durch viele Angebote, ›in die Trennung zu gehen‹, haben wir eine große Möglichkeit zur Transformation – indem wir lernen, trotz aller Unterschiede

Hello darkness, my old friend

I've come to talk with you again

Because a vision softly creeping

Left its seeds while I was sleeping

And the vision, that was planted in my brain

Still remains

Within the sound of silence.

»The Sound of Silence«, Simon & Garfunkel

nicht mit Kampf oder Ablehnung zu reagieren und trotz aller Gegensätze im Gefühl der Verbindung zu bleiben – denn unsere Herzen kennen keine Trennung, unsere Herzen kennen nur Verbundenheit.

Wenn wir uns zu sehr ins Außen ziehen lassen, besteht die Gefahr, dass wir nicht mehr genügend mit unserem Herzen verbunden sind. Die Stimmen in unserem Kopf gewinnen die Oberhand und die leisen, viel wichtigeren Worte unserer inneren Führung verklingen ungehört. Ich hatte dazu ein einschneidendes Erlebnis, einen klassischen Weckruf, der zu einem Wendepunkt in meinem Leben wurde. Ich bekam die Impulse, dieses Buch hier zu schreiben, vor mehr als drei Jahren. Ich trage all diese Gedanken schon lange in mir. Immer wieder klopfte meine innere Stimme an, um mich zu erinnern, dass diese Aufgabe auf mich wartet. Dass alle Ereignisse meines Lebens darauf hinführen. Doch durch meine immer zahlreichen anderen Projekte schob ich es auf. Am Abend vor der Buchpräsentation meines zweiten Buches kam das Stoppschild aus dem Universum – von einer Sekunde auf die andere landete ich im Nichts. Ich erlitt einen kleinen Schlaganfall. Einfach so. Abends am Küchentisch. Ohne Vorwarnung. Medizinisch war keine Ursache auffindbar. Ich hätte nie geglaubt, dass es das überhaupt gibt. Ich hatte großes Glück: der Thrombus löste sich von selbst auf und das schnell genug – nach zehn Minuten in der Starre war meine Lektion beendet, doch der Schock saß.

Zum zweiten Mal in meinem Leben hatte ich zu viel gewollt und dabei das wirklich Wichtige aus den Augen verloren. Ich hing einige Tage in der Schockstarre fest. Dann begann ich, mich mehrmals am Tag bewusst mit meinem Herzen zu verbinden: Hier kamen alle Antworten, die ich brauchte. Der Schlüssel lag darin, meinen geistigen Helfern zu vertrauen und ihre Hilfe anzunehmen. Er lag darin, mich anzuhalten und mir die Zeit zu nehmen, Inspiration und Kraft zu empfangen – und genau hinzuhören, worum es geht in meinem Leben.

Steig aus – aus der Opferrolle!

Häufig wertet der Verstand in Zeiten des Erfolgs das Geistige als Gefühlsduselei oder esoterisches Tamtam (das brauche ich nicht) ab. Er will die Oberhand behalten und zählt ständig die Beweise seines Erfolgs auf: der gut dotierte Job, viel auf dem Konto, eben mein Haus, mein Boot, mein Auto. In Zeiten der Not besinnen sich die Menschen plötzlich darauf zurück, dass jetzt nur noch Gott helfen kann. Obwohl du alles Geistige über viele Jahre ignoriert hast? Obwohl du die Verbindung nie gehalten und gepflegt hast? Mal ganz irdisch gedacht: Obwohl du auf dieses Konto nie eingezahlt hast …, wieso sollte Gott das tun?! Man kann sich das wie einen Waldweg vorstellen. Benutzt man ihn täglich, pflegt man ihn, ist er gut begehbar. In Zeiten der inneren Not kann man ihn direkt nutzen. Benutzt man ihn nie, lässt ihn verwildern oder vergisst ihn ganz, ist er auch in Zeiten der Not nicht einfach so verfügbar.

Der Verstand beherrscht es auch gut, uns in der Opferhaltung festzuhalten: »Weil ich kleine Kinder habe, habe ich keine Zeit, mich mit dem Geistigen zu beschäftigen«, »Weil mein Mann es nicht versteht, kann ich es nicht machen« oder, auch sehr beliebt: »Ich muss mich auf den Job konzentrieren, ich brauche das Geld«. Und man läuft weiter im Hamsterrad und empört sich darüber, wie ungerecht das Leben ist. Hat den Fokus stets darauf, weshalb etwas nicht geht und wie schlimm alles ist.

Die Opferrolle ist vom Verstand gemacht, um uns von geistiger Entwicklung abzuhalten.

In die Opferrolle zu schlüpfen, ist ein weitverbreitetes Phänomen unserer Zeit. Weil sie so schön einfach ist. Es ist viel leichter, zu jammern, als um Lösungen zu ringen. Es ist viel bequemer, über andere zu meckern, als selbst aktiv zu werden. Und, die Opferrolle bringt sogar einen Mehrwert: Anerkennung. Nämlich, wenn andere darauf hereinfallen und das Opfer bedauern. Das Fatale ist, solange du in der Opferrolle verharrst, kommst du mit deiner Entwicklung nicht voran. Es geht im Leben um Entwicklung, du schiebst dadurch also deinen eigentlichen Auftrag auf und das wirst du dir mit Sicherheit im Moment des geistigen Erwachens vorwerfen. Achte darauf, wann die Opferhaltung unbemerkt bei dir anspringt und halte den Gedankenkreislauf an. Handle anders, handle neu.

»

Wenn du leidest, ist es wegen dir,

wenn du fröhlich bist, ist es wegen dir,

wenn du dich glücklich fühlst, ist es wegen dir.

Niemand ist dafür verantwortlich,

wie du dich fühlst, nur du, du alleine.

Du bist die Hölle und zugleich der Himmel.

Osho (1931–1990), indischer Philosoph

«

Werde vom Opfer zur Gestalterin!

» Wenn du in Selbstmitleid versinkst: »Der X hat es viel leichter als ich, denn der hat ja ...«, »Ich würde so gern, aber ich kann nicht, weil ...«

Halte inne. Richte den Blick nach vorne. Setz dir konkrete Ziele.

» Wenn du an allem nörgelst und nichts zu schätzen weißt – dein Freund macht dies und das nicht, die Essensauswahl in der Kantine bietet dies und das nicht, der Parkplatz, der viel zu weit weg ist ...

Halte deinen inneren Monolog an. Lenke den Blick auf all das, wofür du dankbar sein kannst: Gesundheit, Freunde, ein Dach über dem Kopf, Essen haben, duschen können, Frieden ...

» Wenn du dich ständig mit anderen vergleichst – »Immer ist Kollegin X erfolgreicher als ich ...«, »Ständig kann sich Nachbarin Y was Neues leisten« oder »Wieso sieht Freundin Z schon wieder so gut aus?!«

Stoppe diese Gedanken. Steh dazu, nicht perfekt zu sein, keiner ist es. Lenke deinen Fokus auf deine Stärken, auf das, worin du einzigartig bist. Dehne es aus, mach davon mehr.

» Wenn du jammerst und die Schuld bei anderen suchst: »Weil Kollege XY dies oder das nicht macht, kann ich jetzt nicht ...«, »Weil mein Partner so oder so ist, kann ich nicht ...«, »Weil meine Mutter früher ..., kann ich jetzt nicht ...«

Höre auf zu jammern. Übernimm Verantwortung für dein Leben, deine Emotionen und Gefühle. Sprich Dinge klar an und versuche zu ändern, was zu ändern ist. Nimm an, was nicht zu ändern ist. Oder steig aus der Situation aus und probiere etwas Neues.

» Wenn du über andere lästerst oder schlecht über andere sprichst – lenkst du von eigenen Unzulänglichkeiten ab, erhebst dich über sie und verbündest dich mit anderen ...

Lies das zweite Kapitel noch einmal. Mach dir die Konsequenzen durch Rückwirkungen bewusst und denk daran: Dauerlästern ist ein Zeichen von Schwäche. Besser ist, du sprichst mit der Person, die es betrifft, und hilfst ihr, ihr Verhalten zu ändern. Steig aus Lästerrunden bewusst aus.

Gib deiner Intuition die Macht

Es ist der Verstand, der fragt: Woran erkenne ich Intuition? Die Antwort kann nur lauten: Du? Gar nicht! Denn Intuition ist keine Funktion des Verstandes. Sie kann also von ihm nicht begriffen werden. Der Intuition zu folgen bedeutet, einer anderen Ebene zu vertrauen. Einer Ebene, die als feines Spüren neben all den Überlegungen, Einwänden, Zweifeln und Erklärungen existiert. Es bedeutet, Dinge zu tun, die im Moment der Wahl analytisch gesehen vielleicht keinen Sinn ergeben. Häufig verstehen wir den Sinn einer Entscheidung, die wir rein intuitiv getroffen haben, erst rückblickend. Nämlich erst dann, wenn sich einzelne, scheinbar zusammenhanglose Ereignisse zu einem roten Faden verknüpft haben und wir das einzelne Ereignis im Zusammenspiel mit dem großen Ganzen betrachten. Der Intuition zu vertrauen bedeutet, unsere vom Kopf gemachten Pläne und Strategien zurückzuhalten und uns stattdessen von inneren Eingebungen und Empfindungen führen zu lassen.

Intuition ist eine natürliche Fähigkeit. Wir besitzen sie ebenso, wie wir hören, riechen und schmecken können. Es ist Wissen, das auf gemachter Erfahrung beruht – verknüpft mit Informationen, die wir über unsere Sinne aus dem großen Ganzen aufnehmen. Intuitives Wissen ist wertvoller, als wenn unser Verstand etwas rein hypothetisch hin und her analysiert. Intuition ist einfach, klar und auf den Punkt. Ohne Schnörkel, nicht verkompliziert, nicht

Intuition ist ein göttliches Geschenk,

der denkende Verstand ein treuer Diener.

Es ist paradox, dass wir heutzutage angefangen haben,

den Diener zu verehren

und die göttliche Gabe zu entweihen.

Albert Einstein (1879–1955), deutscher Physiker

geheimnisvoll oder gar mystisch. Intuition ist spontanes, ganzheitliches Wahrnehmen. Erkennen, ohne es mit Zahlen, Daten und Fakten belegen zu können. Wissen, ohne etwas zu sehen. Wir alle können die innere Stimme der Intuition wahrnehmen. Über diese Stimme sind wir in Verbindung mit unserem Geist und unserer Seele, in jeder einzelnen Situation. Die Frage ist nicht, wie wir sie hören lernen, sondern wann wir endlich anfangen, ihr zu vertrauen. Wie oft haben wir uns schon gesagt: »Ich hab's geahnt!«, wie oft haben wir uns nach einem Ereignis schon eingestanden, dass unser Bauchgefühl uns gewarnt hatte? Dass wir eigentlich vorher wussten, dass die Entscheidung falsch ist – doch der Verstand hatte sich schon durchgesetzt.

Der Verstand ist da, um Herz und Intuition zu dienen.

Der erste Schritt, bei den Entscheidungen deines Lebens wieder dein Herz und deine Intuition zu nutzen, ist: ins Vertrauen zu gehen. In das Vertrauen darauf, dass du über dieses tiefe Wissen verfügst. Dass du geführt wirst, wenn du es willst. Das, was dem Vertrauen im Weg steht, ist der Verstand. Er ist es, der alles kontrollieren will. Der zweite Schritt ist die konsequente Anwendung deiner Intuition. Denn Intuition ist eine Fähigkeit, die wie ein Muskel funktioniert – je mehr du sie benutzt, desto stärker wird sie. Trainiere dich darin, die innere Stimme der Intuition von all den anderen inneren Stimmen unterscheiden zu können. Meist hilft es, die Botschaft kurz zu notieren, damit sie im Trubel des Alltags nicht untergeht. Nimm immer zuerst die Informationen deiner Intuition auf und gehe erst dann ins Denken und ergänze deine rationale Sichtweise, die Zahlen, Daten und Fakten, die dein Verstand dir liefert. Dann wird es rund. Dann wird dein Handeln ganzheitlich. Es geht um ein neues Zusammenspiel von Herz, Intuition und Verstand – indem Herz und Intuition wieder an die erste Stelle rücken und der Verstand seine eigentliche Funktion zurückerhält: dem Herz und der Intuition zu dienen. Aber eben erst in einer zweiten Phase – in Ergänzung zu den Empfindungen des Herzens und den Informationen der Intuition. Niemand kennt unseren Weg besser als unser eigenes Herz. Unser Herz ist ein Portal. Hier liegt der Zugang zur geistigen Welt, die Verbindung zu unserem höheren Selbst.

Wir wissen genau, wo wir uns selbst nahe sind: in der Stille der Natur, in der Meditation, immer dann, wenn wir nach innen fühlen. Das geht überall. Egal, ob wir an der Supermarktkasse stehen, in der U-Bahn sitzen oder mit unserem Hund spazieren gehen. Die Aufgabe ist, stets bei sich zu bleiben, in sich hineinzufühlen und verankert zu sein in der inneren Kraft. Nur durch Gedankenstille entgehen wir den Manipulationen des Verstandes und können den heiligen Raum in uns öffnen. Wenn wir das schaffen, lassen wir jeglichen persönlichen Ehrgeiz hinter uns und gehen durch die Hingabe an alles, was ist, in Resonanz mit der Schöpferkraft. Entscheidend ist dabei einzig und allein die Qualität unserer geistigen Präsenz. Durch das Zusammenspiel von Herz, Intuition und Verstand kommen wir in unsere wahre Größe.

Dein Herz kennt den Weg.

Ströme in diese Richtung.

Rumi (1207–1273), persischer Sufi-Mystiker, Gelehrter und Dichter

Zentriere dich – im Auge des Sturms

Unsere Welt ist voller Lärm. Beim Einkaufen werden wir mit Werbung berieselt, wenn wir das Fenster öffnen, rauscht der Verkehr, in unseren Großraumbüros ist immer jemand am Telefonieren. Ständig prasseln neue Informationen auf uns ein: Social Media füttert uns mit Nachrichten für oder gegen etwas, mit Fake News und Verschwörungsideen. Wir werden permanent getriggert, denken, wir müssten uns eine Meinung bilden – und bleiben im Hamsterrad unserer Gedanken gefangen.

Aber die Stimme unserer Intuition können wir nur hören, wenn es in uns still ist.

Komm in deine weibliche Kraft: Übung 17

Trainiere deine Intuition!

» Gehe spazieren, mache eine Yogasession oder lege dich in die Badewanne. Schau, dass dein Kopf zur Ruhe kommt. Wenn du der Stimme deines Herzens lauschen und intuitive Eingebungen empfangen willst, muss dein Verstand ruhig sein.

» Baue dir Freiräume in deinen Tag ein, in denen du nichts tust. In denen du dich nicht durch äußere Reize wie Social Media, Mails, Fernsehen oder Gespräche ablenken lässt.

Egal ob es fünfzehn Minuten am Morgen sind, in denen du still auf deinem Balkon sitzt, oder dreißig Minuten in der Mittagspause, in denen du spazieren gehst. Gehe in die Stille und sei in dir präsent. Nutze diesen Moment der Zentrierung. Lerne, bei dir zu bleiben.

» Achte darauf, was du wahrnimmst. Vogelzwitschern, warme Sonnenstrahlen, weiche Regentropfen. Was hörst du? Was riechst du? Was fühlst du? Halte alle Gedanken an, die kommen. Du musst jetzt nichts lösen. Es geht nur ums Sein. Je öfter du dich darin übst, in die Stille zu gehen, umso mehr wirst du lernen, intuitive Eingebungen zu empfangen.

Du musst nicht alles wissen. Folge der Ahnung.

» Beginne, deine Intuition bei Entscheidungen einzubeziehen. Frage dich »Was soll ich in Bezug auf XY tun?«, »Was ist bei Sache XY das Wichtigste?«, »Was sollte ich bei Projekt XY beachten?« Spüre hin, was deine innere Stimme dir sagt. So erhältst du zusätzliche Informationen, die dir helfen, gute Entscheidungen zu treffen.

» Wenn du eine Wahl zwischen verschiedenen Möglichkeiten treffen willst, visualisiere beide Alternativen: Stell dir Zielbild A vor und nimm wahr, wie es sich anfühlt. Schreibe auf, was du spürst. Stell dir dann Zielbild B vor und nimm wahr, wie sich das anfühlt.

» Achte auf deine Körpersprachensignale. Hast du freudiges Herzklopfen, strömt Wärme in deine Hände, fühlt es sich stimmig an? Oder hast du ein stumpfes Gefühl in der

Brustgegend, krampft sich dein Bauch zusammen, fällt es dir schwer, tief zu atmen, und spannt sich dein Körper an? Schreibe deine Empfindungen auf. Körpersprache lügt nie. Es sind klare Signale deiner Intuition.

Nutze deine Intuition im Alltag und versuche so oft wie möglich, deiner Intuition zu folgen. Wenn es für dich neu ist, versuche es erst mal in deiner Freizeit. Frage dein inneres System: »Was ist heute das Wichtigste?«, »Was würde mir jetzt am meisten Freude machen?«, »Wo soll ich langgehen?«, »Was möchte ich gerne essen?«, und achte auf die Impulse, die aus deinem Inneren kommen. Folge ihnen. Schau, was alles in dein Leben tritt. Triffst du plötzlich jemanden, den du schon lange wiedersehen wolltest? Oder gibt dir jemand genau den Tipp, der dir in einer Sache weiterhilft? Sei offen für alles, was kommt. Achte auf Zeichen. Lass dich überraschen.

Es werden Dinge geschehen, die sich dein Verstand nie hätte ausdenken können.

Fünfter Weg:

Finde den Schlüssel zu deiner Berufung

Nimm wahr, wenn das Süße dennoch Gift ist

Kennst du das: Gerade hattest du dir vorgenommen, etwas für dich zu tun, mit einem Buch zu beginnen, das du dir vor einiger Zeit gekauft hast, die nächste Lektion des Onlinekurses anzugehen, den du schon länger pausierst, oder ein Telefonat mit jemandem zu führen, mit dem du dir einen Austausch wünschst. Doch in Sekundenschnelle schlägt er zu, dein Fluchtmechanismus – und du weichst aus in eine andere Tätigkeit: schnell noch was wegräumen oder putzen, schnell nochmal Social Media checken oder am Kühlschrank vorbeigehen – und das ist er, der Exit aus deinem Vorhaben, etwas Gutes für dich zu tun. Ganz oben auf der Liste der Ablenkungsmanöver steht die größte aller Fallen: das Fernsehen. Selbst wenn wir merken, dass das, was da gerade läuft, reine Zeitverschwendung ist, gibt es noch die hundert anderen Kanäle, die Netflix-, Prime- oder YouTube-Alternativen und, und, und. Laut Statista verbringen wir im Durchschnitt täglich vier Stunden damit, uns berieseln zu lassen.[18] Denn selbstverständlich ist es leichter, sich auf die Couch fallen und ablenken zu lassen – als über sein Leben nachzudenken oder gar darüber, wie man es ändern könnte. Aus welchem Grund ist das Bedürfnis, sich um jeden Preis zerstreuen zu wollen, so viel mächtiger als unser Wille, etwas Wichtiges für uns zu tun? Weshalb wollen wir lieber aussteigen aus der realen Welt – und uns in eine virtuelle flüchten? Wieso wollen wir dem eigenen

Leben entfliehen und uns lieber dem seichten Geplätscher von Daily Soaps und Krimiserien hingeben? Ist es das beruhigende Gefühl, das kurz aufflammt, wenn man sieht, dass es anderen Menschen viel schlechter geht als einem selbst? Leider nur so lange, bis einem auffällt, dass es nicht real sein kann, wenn die Hauptdarstellerin in vier Wochen vom Krebs geheilt ist oder einer Figur in zwei Folgen das komplette Portfolio an Schicksalsschlägen widerfährt – aber immerhin. Oder lenken wir uns ab, weil es viel einfacher ist, Menschen bei ihrem Leben zuzuschauen, als unser eigenes zu leben? Ist uns unser Leben zu anstrengend? Das scheint unlogisch, denn unser Lebensstandard ist so hoch wie nie zuvor. Wir können uns mehr leisten als alle Generationen vor uns. Wir haben mehr Freizeit und können uns selbst teure Hobbys ermöglichen. Unsere Gesellschaft ist von Individualismus, Spaß und Konsum geprägt: »Fangen Sie im feuerfesten Spezialanzug Feuer und schlagen Sie sich wacker bei einer inszenierten Prügelei«, wirbt der Erlebnisanbieter Jochen Schweizer für seinen Stuntman-Actiontag.[19] Bodyflying, Indoor-Surfen, Bungee-Jumping – unzählige Arten von Erlebnis-Gutscheinen der Kategorie »Adrenalinschub pur« kann man bei Jochen Schweizer erwerben. Auch Freizeitparks mutieren immer mehr zu einer Las-Vegas-Kopie. Mittlerweile bieten sie fast rund ums Jahr aufwendige Shows, Animationen und meist mehr als nur eine Achterbahn der Superlative. Wir bespaßen uns und unsere Kinder mehr denn je. Kein Wunder, dass diese dann versuchen, den Spaß rund um die Uhr aufrechtzuerhalten. Und wenn das in der realen Welt nicht klappt, dann »swipe« – und schon hilft der nächste lustige Snap, das nächste Fun-Video auf dem Handy.

Wir leben es vor, wir fördern es, wenn auch unbewusst. Genau das ist unser Verhängnis, denn Lust entsteht aus Begierde und Gier ist nicht nur ein heftiges, sondern ein ungezügeltes Verlangen. Gier wird nie satt, von Lust bekommt man nie genug: Hat man ein Spaßerlebnis gehabt, will man das nächste. Hat man sich gerade in vollen Zügen vergnügt, will man mehr davon. Am liebsten noch spektakulärer und noch atemberaubender. Hochgepeitschte Sinne schreien nach mehr und so bleiben wir stets gefangen im Netz der Begierden. Doch Lust und Vergnügen sind oberflächlich. Sie sind Strohfeuer – so schnell, wie sie aufflammen, erlöschen sie und hinterlassen lediglich ein Häufchen Ernüchterung als Asche. Nichts, was unser Inneres wirklich nährt. Sie sind keine Energiequellen, aus denen wir tagelang schöpfen können. Sie gaukeln uns Freude und Glück lediglich vor – dem kurzen Kick des Adrenalinschubs, dem Hoch der Euphorie folgt ein Tief, sobald der künstlich herbeigeführte Moment vorbei ist, herrscht Leere, denn es fehlt der Sinn. Wir fühlen uns hilflos oder einsam und stehen wieder vor den alten Fragen: die, vor denen wir geflüchtet waren. Wir stehen vor den Forderungen des Lebens und der Sehnsucht unseres Herzens. Davor, dass wir vielleicht unseren Job nicht mö-

Vergnügen und Lustbefriedigung stehen an oberster Stelle.

gen und viel lieber etwas ganz anderes tun wollen. Davor, dass wir vielleicht den Traum unserer Kindheit begraben haben und nur aus Pflichtgefühl tun, was wir tun. Davor, dass wir vielleicht eine trostlose Beziehung ertragen und unser wahres Potenzial unter Frust verschüttet bleibt: Alles Betäuben hat nichts genützt.

Komm in deine weibliche Kraft: Übung 18

Nähre deine Seele!

» Erkenne den Moment, in dem dein Kopf anfängt, dir Ablenkungen schmackhaft zu machen. Den Augenblick, in dem eine innere Stimme dir schmeichelnd erzählt, wie sehr du es verdienst, dir jetzt einfach was Lustiges anzuschauen. Sei stärker. Widerstehe dem Impuls.

» Tu etwas, was dir wirklich Energie gibt, etwas, was dich belebt und erfrischt. Vielleicht ist es eine Runde Walken an der frischen Luft, um in deine innere Mitte zu kommen, vielleicht eine Session auf deiner Yogamatte, um aus Gedankenkreisläufen auszusteigen, vielleicht das Hören einer Podcastfolge, die dich inspiriert und beflügelt.

» Mach dir eine Liste, schreibe auf, welche Gefühle und Gedanken du vorher und welche du nachher hattest. Mach dir die Transformation, das Heben deiner Stimmung auf eine höhere Frequenz, wirklich bewusst: von nörgelnd zu gelassen, von genervt zu freudig oder von Rumjammern zu vollem Tatendrang.

» Erstelle dir eine Mindmap mit allem, was dir Energie gibt, was deine Seele füttert und dich wieder in deine Balance bringt.
» Wähle jeden Abend einen Impuls dieser *Seelenbalsam-Liste* und nähre dich. So wirst du es in Zukunft schaffen, zu dem Buch zu greifen oder den Onlinekurs zu starten, zu dem dir deine Intuition geraten hat – anstatt dich abzulenken.

Folge der wahren Freude!

Jedem von uns wurden Gaben in die Wiege gelegt: ein Talent, das nur du in dieser Form hast, eine Fähigkeit, mit der nur du etwas Einzigartiges erschaffen kannst. Eine Begabung zeigt sich auch in Dingen, die dir leichter fallen als anderen. Manche sind musikalisch, andere handwerklich geschickt, wieder andere sind außergewöhnlich empathisch oder können brillant zeichnen, haben die Fähigkeit, Menschen zu begeistern oder Wissen leicht zu vermitteln. Jedes Talent, jede Gabe ist ein Schatz. Ein Geschenk an dich und dein Geschenk an die Welt. Indem du deine Gabe nutzt, machst du dich auf den Weg, deine Berufung zu finden. Indem du dein Talent lebst, gehst du den Weg, der für dich bestimmt ist. Deine Gabe, dein Talent ist der Schlüssel. Der Schlüssel, um zur besten Version deines Selbst zu werden und dazu, dass du dich erfüllt fühlst. Lässt du hingegen dein Talent, deine Gabe brachliegen, fühlt sich dein Leben mühsam und irgendwie fremdbestimmt an. Du quälst dich in deinen Jobs und stehst in deiner

Entwicklung auf der Stelle. Hast du schon mal gespürt, wie es ist, wenn du etwas tust, das du liebst? Wie es sich anfühlt, wenn du das tust, was du am besten kannst? Wenn du andere mit dem, was nur du so kannst, beschenkst? In dem Moment, wo unsere Gaben wirken und wir unser Talent ausleben, können wir sie spüren – die tiefe, echte Freude. Die Freude, die das Herz hüpfen lässt und den Geist erweitert. Die Freude, die von Herz zu Herz überspringt. Sie ist leise, aber intensiv. Sie quillt aus unserem Herzen hervor, wenn wir einen für uns großen Schritt gemacht haben: wenn eine Erkenntnis aufflackert, wir einen Handgriff perfektioniert oder unser Werk fein geschliffen haben – und sollte dieser Schritt noch so klein sein. Sobald wir etwas errungen haben, stellt sie sich ein. Immer, wenn wir etwas durch unser Wirken gegeben haben, kommt sie zu uns. Wahre Freude kannst du am Leuchten der Augen erkennen, am echten Strahlen und an harmonischen, fließenden Gesten. Da, wo wahre Freude ist, ist Harmonie und Schönheit. Das Herz kann sich öffnen – und nun kann viel einströmen: neue Kraft, Segen, Licht. Wir werden gestärkt, wir werden inspiriert: Die tiefe, echte Freude zieht geistige Kraft an. Sie ist eine Quelle, die unerschöpflich ist. Daher fühlt sie sich erfrischend an, belebend. Freude ist die Rückwirkung davon, dass du deine Gaben und Talente nutzt. Der Dank dafür, dass du etwas von dir gegeben hast. Sie multipliziert sich, sobald du sie zum Wohle anderer einsetzt, und stellt sich als stille, tiefe Zufriedenheit ein. Als Erfüllung, die dich innerlich demütig auf die Knie fallen lässt und dich auflädt, für viele Stunden.

Menschen, die ihre Gaben in ihrer Arbeit leben, die aus ihrem Talent heraus wirken, vergessen oft die Zeit. Sie empfinden das, was sie tun, nicht als Arbeit. Sie würden es so oder so tun. Es ist, wofür sie hier sind. Die Freude, die sie in ihrem Tätig-Sein empfinden, ist ihr Antrieb dafür, weiterzumachen und immer weiter an ihren Fähigkeiten zu feilen, sie zu trainieren und zu verfeinern. Es ist ein sich selbst verstärkender Prozess. Du brauchst nur zu beginnen.

Freude ist der Wegweiser – zu deinen Gaben.

Weshalb aber gehen so viele von uns dem oberflächlichen Vergnügen, dem Strohfeuer der Lust und Ablenkung auf den Leim? Anstatt nach dem zu suchen, was dauerhaft echte Freude bringt? Sind wir zu bequem? Sind wir zu träge, unsere Gaben und Talente herauszufinden? Lassen wir uns von anderen Menschen, unseren Eltern oder Partnern zu schnell entmutigen, wenn sie uns kritisieren oder uns einreden, dass wir ihrer Meinung nach etwas nicht können? Oder ist es, weil wir zu schnell aufgeben? Vielleicht fangen wir an, aber sobald es schwierig wird und die ersten Hindernisse auftauchen, schmeißen wir hin. Es könnte auch daran liegen, dass wir meinen, die Freude sollte uns einfach so in den Schoß fallen. Dass sie uns zusteht, auch wenn wir nichts dafür tun. Obwohl wir vielleicht einen Job behalten, der uns langweilt – den wir aber aus Bequemlichkeit nicht wechseln. Vielleicht weil er so praktisch nah liegt oder weil wir schon zwanzig Jahre da sind und ein Wechsel anstrengender wäre. Obwohl wir auf der Stelle stehen bleiben in unserer Entwicklung, es uns in unserer Komfortzone gemütlich machen, trotzdem soll die wahre Freude kommen? Soll uns neue Kraft zufließen? Wofür? Um unsere Komfortzone zu stärken? Niemals! Ähnlich ist es, wenn wir in einer Beziehung bleiben, in der wir unsere Talente nicht leben. Vielleicht weil unser Partner sie lächerlich findet. Oder weil wir keinen Raum haben, keine Freiheit, unser Talent herausfinden und üben zu können. Wie soll es dann zur Blüte kommen? So, dass es uns Freude bringt?

Jede zur Entfaltung gebrachte Gabe schützt dich wie ein Lichtmantel.

Es braucht Mut, seine Gaben, sein Talent zu finden. Es braucht Hartnäckigkeit, ihnen zu folgen und sich darin zu üben. Es braucht den Glauben an sich selbst. Mit Trägheit lässt sich nirgendwo ein Blumentopf gewinnen. Wer sich lediglich von Couch und Fernseher zum Kühlschrank und zurück schleppt, findet sich irgendwann mittendrin: in einem Leben voller Mittelmaß. In einem Leben, in dem man künstliches Vergnügen braucht, um sich für einen kurzen Moment lebendig zu fühlen. Ein Leben, in dem man sich vorgaukelt, etwas beizutragen, ein Teil davon zu sein, wenn der Hauptdarsteller eines Blockbusters mutig seinen Weg geht und sein Ziel erreicht. Und was genau war dein Beitrag dazu? Das Auf-der-Couch-Sitzen? Das Mitfiebern? Die wahre Freude kommt nur zum Macher selbst, der Zuschauer erhält lediglich Vergnügen. Und manchmal ist es nicht mal das, sondern nur Ablenkung. Man ist für eine gewisse Zeit mental beschäftigt, mehr nicht. Nichts davon ist bleibend, denn es ist nicht nährend. Was fühlst du dagegen dann, wenn du eine Aufgabe erledigt hast, die fast unerreichbar schien? Wenn du ein Problem gelöst hast, in das du viel Zeit und Energie gesteckt hast? Wenn du etwas viele Stunden geübt und alles gegeben hast und dann dein Ziel erreichtest? Freude. Überquellende Freude. Freude, die anhält und an die du immer wieder andocken kannst. Freude, die dich dazu beflügelt, weiterzugehen. Die dich trägt, auch in anstrengenden Phasen, in Phasen der Suche. Freude ist dein Wegweiser. Folge ihr. Sie lässt dich erkennen, was dein Talent ist, und hilft dir herauszufinden, wie du deine Gaben nutzen kannst. Wahre Freude entsteht durch inneren Frieden und das Wissen, dass du auf dem richtigen Weg bist. Verschwende deine Zeit nicht. Frage dich:

» Wo zügle ich meine Freude?
» Wo begrenze ich mich selbst?
» Wo bleibe ich in negativen Gefühlen hängen?
» Wo fühle ich mich ausgebremst?
» Wodurch ist mehr Begeisterung möglich?

Entdecke dein Talent

Viele Menschen stecken im klassischen Nine-to-five-Job fest. Menschen, die eigentlich etwas anderes wollen und können. Menschen, die talentiert sind. Die sich aber unter ihrem Wert verkaufen oder sich nicht trauen, ihr wahres Ich zu leben. Wenn du zu den Menschen gehörst, die den Freitag lieben und den Montag hassen, wenn du dich ständig gestresst fühlst oder launisch bist – dann ist es Zeit, über eine Veränderung nachzudenken: Warum tust du etwas, bei dem du nur darauf wartest, dass es vorbei ist? Warum schenkst du dieser Sache deine wertvolle Zeit? Wenn es doch um deine Entwicklung geht in diesem Leben, weshalb bleibst du dann stehen? Frage dich: Macht mir das, was ich tue, wirklich Freude? Bringt es mich weiter, kann ich daran wachsen? Oder gefällt mir nur das, was außerhalb meiner Tätigkeit ist – die Gespräche mit den Kollegen, die Firmenfeiern, der Feierabend, der Urlaub? Denke ich schon bei der Fahrt zur Arbeit daran, dass es erst richtig schön wird, wenn die Arbeit vorbei ist? Es ist immer wieder erschreckend zu beobachten, wie viele Menschen sich morgens aufraffen müssen, um aus dem Bett zu kommen. Wie viele abends völlig erschöpft nach Hause kommen und von ihrem Tag frustriert sind. Zu erschöpft, um spazieren zu gehen, Sport zu machen oder sich etwas Frisches zu kochen. So müde, dass sie nur noch aufs Sofa fallen und sich Fast Food in die Mikrowelle schieben. Es gibt in jedem Job ungeliebte Dinge, die dazugehören und miterledigt werden müssen. Nur: Beim Verhältnis zwischen dem, was du tust, weil du es willst, und dem, was du tust, weil du es musst, sollte der erste Anteil überwiegen. Glücklich sein ist eine Entscheidung. Finde das, was dir wirklich Freude macht, und entscheide dich dafür, es jeden Tag zu tun!

Komm in deine weibliche Kraft: Übung 19

Finde dein Talent!

Frage dich:

» Was macht mir am meisten Freude?
» Was tue ich am liebsten?
» Bei welcher Tätigkeit blühe ich auf?
» Bei was habe ich das Gefühl, dass es für mich Sinn ergibt?
» Was kann ich richtig, richtig gut?
» Bei was haben mir andere gesagt, dass es außergewöhnlich war?
» Was hat mir als Kind schon große Freude bereitet?
» Was ist es, was von meinem Herzen in die Welt getragen werden möchte?
» Was ist in der Tiefe meines Seins das, was mir das Gefühl gibt, dafür hier zu sein?

... und finde deine Gaben, dein Talent.

Frage dich dann weiter:

» Wie viel meiner Zeit lebe ich meine Gaben?
» Welches Talent will ich mehr leben?

- Wie und wann könnte ich es mehr einsetzen?
- Was könnte ich anders machen, um mein Talent mehr zu leben?
- Wer könnte mich dabei unterstützen?
- Was könnte ich noch tun, um es mehr zu leben?
- Was brauchen andere Menschen und wie könnte ich mein Talent für sie einsetzen?
- Welchen Mehrwert könnte ich meiner Firma bringen, wenn ich dieses Talent mehr einsetze?
- Welche Rolle könnte ich in meiner Firma neu übernehmen, um mein Talent nutzen zu können?

… und lebe deine Gaben, dein Talent. Mach jeden Tag ein bisschen mehr vom Neuen und ein bisschen weniger vom Alten. Achte darauf, dass dein Kopf dir nicht ständig dazwischenfunkt, weil er meint, eine Berufung müsse etwas ganz Außergewöhnliches sein, und er daher das, was du tun willst, abwertet.

Alles ist ein ganz normaler Job,

bis jemand kommt und ihn mit Herzblut ausübt.

Dadurch wird er zur Berufung.

Veit Lindau (*1969), Redner, Autor und Coach

Setze dich nicht unter Druck, nur weil du vielleicht andere um dich herum so erlebst, dass sie bereits ihre Berufung leben. Um bei deiner eigentlichen Bestimmung anzukommen, brauchst du Erfahrungen, die zu deiner Entwicklung beitragen. Diese Erfahrungen müssen voll durchlebt sein, damit keine Lücken bleiben und du deine Bestimmung auch voll ausfüllen kannst. Nimm dir die Zeit, die eine Erfahrung braucht, um ernsthaft erlebt zu sein, und gehe Schritt für Schritt.

Besiege deine Selbstzweifel

Vielen von uns wurde in der Kindheit beigebracht, sich so unauffällig wie möglich zu verhalten. Wir haben Anerkennung erhalten, wenn wir angepasst waren, lieb und selbstlos und am besten keinerlei Ansprüche hatten. Wir wurden mit Missachtung bestraft, sobald wir unsere wilde Seite zeigten, trotzig oder wütend waren. Wir haben gelernt: Sei bloß nicht anstrengend, sei immer nett. Füge dich und nimm dich bloß nicht so wichtig. Kein Wunder also, wenn viele von uns an sich selbst und daran, dass sie irgendetwas Besonderes können, zweifeln. Kein Wunder, dass wir unseren Selbstwert nicht spüren können und uns verschüchtert zurückziehen, sobald es darum geht, für uns selbst und unser Talent einzustehen. Es ist nur logisch, dass wir nicht für uns kämpfen und unser Licht, unsere Gaben und Talente ständig unter den Scheffel stellen. Dabei ist dein Selbstbild der alles entscheidende Hebel, um in deine volle Kraft zu kommen. Dein Selbstbild ist wie ein Autopilot, der das Flugzeug, dich, zu einer bestimmten Destination fliegt: Wenn dir dein Selbstbild nicht bewusst ist, fliegt es dich zur ursprünglich eingestellten Destination. Zu einer Destination, die vielleicht andere Menschen, deine engsten Bezugspersonen, für dich eingestellt haben – durch die Art und Weise, wie sie über dich dachten, durch mentale Programme, die du von ihnen übernommen hast. Alles, was du über dich denkst, der Monolog, der in dir abläuft, das, was du fühlst, deine bisherigen Erfahrungen, deine Entscheidungen, dein Verhalten, all das bestimmt dein Selbstbild und damit die Destination, bei der du landest. Du kannst die Destination, zu der du fliegst, nur ändern, wenn du die Koordinaten, die in dir ablaufenden Programme, änderst. Nimm wahr, wenn du einen inneren Monolog führst, der nicht liebevoll ist, der nicht bestärkend und positiv ist. Nimm wahr, wenn Gedanken aufkommen, die dich kleinhalten. Achte auf sie. Die meisten haben nichts mit der Realität zu tun. Unser Gehirn bastelt aus dem toxischen Cocktail negativer Erfahrungen gern Schreckensszenarien zusammen: was andere alles Schlechtes sagen könnten, was alles Schlimmes passieren könnte, was alles nicht klappen könnte. Schreib den negativen Gedankenstrudel einfach auf und betrachte ihn mit Abstand. Was davon stimmt wirklich? Unterscheide Fakten von Gefühlen und schau nur auf die Fakten. In den meisten Fällen minimiert sich das Drama direkt, oft löst es sich wie von selbst auf. Wenn du in einer ängstlichen Stimmung bist, lade deinen Atem ein: Atem ist Medizin, pure Lebensenergie. Atme einige Male kurz ein, lang aus. Komm zurück in deine Präsenz. Sprich mit einem Partner oder guten Freund, frage ihn oder sie nach ihrer Wahrnehmung. Ein Austausch mit anderen kann dir dabei helfen, die Fakten objektiver zu sehen. Erkenne, wo nur du dich kleinredest. Ändere das.

Komm in deine weibliche Kraft: Übung 20

Programmiere dich neu!

Halte negative Gedanken an und ersetze sie durch das positive Gegenteil. Sage dir die neuen, positiven Gedanken, sobald das alte Muster anspringt:

alt	**neu**
»Ich kann das nicht.«	»Ich kann das.«
	»Ich kann das ..., das ... und auch noch das ...“
»Ich bin nichts wert.«	»Ich bin wertvoll.«
	»Ich bin liebenswert.«
	»Ich bin gut, so wie ich bin.«
»Ich schaffe das nie.«	»Ich schaffe das.«
	»Ich mache das ... und das ... und so schaffe ich es.«
»Ich bin nicht gut genug.«	»Ich bin gut.«
	»Ich bin die Beste darin!«

Schreibe Tagebuch, eine tägliche Liste mit all dem, was du bereits geschafft hast. Ergänze jeden Abend, auf was du an diesem Tag stolz bist, und sei es noch so klein. Notiere dir, wie du deine Gabe, dein Talent gelebt hast. Notiere dir, was es ausgelöst und bewirkt hat. Lerne, Positives mehr und mehr wahrzunehmen. Notiere die Facetten deiner Gaben. Oft kann man Talente auf viele Weisen ausleben. Halte dir deine Stärken, das, was dich besonders macht, jeden Tag vor Augen. Kreiere dir ein *Vision-Board*, eine Bildcollage aus deinen Stärken und Talenten. Visualisiere dir, was dich einzigartig macht. Schau es dir jeden Tag an, so wirst du deinen Fokus mit der Zeit ändern. Dein Gehirn beginnt, die Ereignisse zu sammeln, in denen du in deiner Stärke warst, und wird dir immer weniger die abspulen, in denen du dich als unzureichend empfunden hast. Du lernst, Fortschritte wahrzunehmen. Daran wird dein Selbstbewusstsein wachsen.

Ich hatte zum Thema »Sich selbst kleinmachen« ein echtes Schlüsselerlebnis. Ich erzähle es, damit du siehst, wie destruktiv das Muster sein kann, wenn du es einfach so laufen lässt. Meine Workshops enden immer mit einer Feedbackrunde: Jeder Teilnehmer sagt seine Wahrnehmung zu den Inhalten, zur Wirkung, zur Atmosphäre. In einem dieser Workshops erhielt ich von neunzehn der zwanzig Teilnehmer ein sensationell positives Feedback. Sie waren dankbar für meine fröhliche, lebendige Art. Sie sagten, die Zeit sei geflogen, was sie als gutes Zeichen sähen. Die Inhalte seien auf den Punkt das gewesen, was sie brauchten, die Übungen voller Erkenntnisse. Sie würden vieles direkt in den Arbeitsalltag mitnehmen können. Neunzehn Mal Lob. Und nur ein einziges »Ich hätte mir gewünscht, wir hätten noch das und das beleuchtet …« Was passierte auf dem Rückweg? Neunzig Minuten Autofahrt drehte sich mein Verstand um diesen einen Punkt. Mein innerer Kritiker lief zu seiner Höchstform auf: Was hätte ich anders machen sollen? Wann hätte mir auffallen können, dass ich diesen Inhalt hätte einbinden müssen? Ich ließ mir von meinem Kopf Vorwürfe machen, bis ich mich schlecht fühlte. Als mein Partner mich fragte, was denn die anderen neunzehn gesagt hätten, konnte ich mich nicht mehr daran erinnern. Es war wie weg. Mein Fokus lag zu hundert Prozent auf dieser einen Rückmeldung. Mein Kopf hatte es zu einer Kritik gemacht und zu einem Monster aufgeblasen. Als mir das klar wurde, entspannte ich mich und schrieb die neunzehn positiven Feedbacks auf, so gut ich sie noch zusammenbrachte. Danach änderte ich meine Trainingsstruktur für den nächsten Kurs und ergänzte den Inhalt der Anregung. Ich kam wieder in eine freudige Schwingung und positive Gefühle. Beim nächsten Workshop wiederholte ich schon während der Feedbackrunde innerlich die positiven Feedbacks. Ich lernte, sie in der Tiefe wahrzunehmen und sie nicht direkt als selbstverständlich abzutun. Ich lernte, mit meinem sensitiven inneren Anteil zu arbeiten. Indem ich Kritik bewusst einforderte und aktiv hinterfragte, begann ich, quasi eine Hornhaut zu bilden. Dabei stellte ich fest, dass die Welt selbst dann nicht zusammenbrach, wenn etwas nicht perfekt lief.

Lass deine Talente die Bohnen in deiner linken Hosentasche sein!

»Ein alter Mann verließ niemals das Haus, ohne zuvor eine Handvoll Bohnen in seine rechte Hosentasche einzustecken. Er tat dies nicht etwa, um die Bohnen zu kauen. Nein, er nahm sie mit, um die schönen Momente des Tages bewusster wahrzunehmen und diese besser zählen zu können.

Für jede positive Kleinigkeit, die er tagsüber erlebte, einen fröhlichen Gruß auf der Straße, das Lachen seiner Frau, ein köstliches Essen, einen schattigen Platz in der Mittagshitze, die Begegnung mit einem Tier, liebevolle Augenblicke voller Verständnis oder Fürsorge – für alles, was ihn glücklich machte, ließ er eine Bohne von der rechten in die linke Hosentasche wandern. Manchmal waren es gleich zwei oder drei. Abends saß er dann zu Hause und zählte die Bohnen aus der linken Tasche. Er zelebrierte diese Minuten. So führte er sich vor Augen, wie viel Schönes ihm an diesem Tag widerfahren war. Er freute sich und war aus ganzem Herzen dankbar. Und sogar an einem Abend, an dem er bloß eine Bohne zählte, war der Tag gelungen, denn es hatte sich zu leben gelohnt.« (Autor unbekannt)

Nimm dir Zeit für den Sinn deines Lebens

Es geht nicht darum, am Ende ein »schönes« Leben gehabt zu haben – mit Finca auf Ibiza, vielen Après-Ski-Partys oder schicken Autos. Ein Spaß-Leben, wie es heutzutage angestrebt wird, ist aus geistiger Sicht ein vertanes Leben. Es geht auch nicht darum, Besitz anzuhäufen, um diesen seinen Kindern vererben zu können. Aus geistiger Sicht machst du deinen Kindern ein viel größeres Geschenk, wenn sie ihren Weg selbst gehen – und zwar durch alle Hindernisse hindurch, auch materielle. Wir sind hier, um uns weiterzuentwickeln, und das geht nur durch eigene Erfahrungen. Wir sind hier, um uns selbst immer bewusster zu werden und uns zu erinnern, dass wir eins sind. Eins mit der universellen Energie, mit der Schöpferkraft und dem Licht. Das ist der Grund, weshalb wir aus der Perspektive des Getrenntseins, das mit Gefühlen von Schmerz oder Einsamkeit einhergeht, auf unserem Entwicklungsweg starten. Es geht einzig und allein darum, Schritt für Schritt zu lernen, uns wieder mit uns selbst und der Quelle zu verbinden und diese Verbindung zu halten. Jeder für sich selbst. Manchmal wurde das Gefühl des Getrenntseins ausgelöst in unserer Kindheit, durch Eltern, die uns das Gefühl gaben, nicht gesehen oder nicht bedingungslos geliebt zu werden. Manchmal wird es ausgelöst durch Partner, die uns das Gefühl geben, nicht attraktiv genug oder liebenswert zu sein. Manchmal wird es ausgelöst durch Vorgesetzte, die uns das Gefühl geben, nicht gut genug zu sein, und dass man egal, was man tut, ihren Ansprüchen nicht genügen kann. Manchmal wird das Gefühl der Trennung aber auch ausgelöst durch eine Krankheit oder ein Ereignis, das uns in Angst und Verzweiflung stürzt. Egal, welche Konstellation es bei dir ist, lass dich nicht in die Ursache, den Auslöser, fallen. Dreh nicht unendlich viele Schleifen dadurch, dass du immer wieder deine Geschichten erzählst und Drama kreierst. Steig aus der Problemtrance aus. Erkenne den Sinn hinter dem Erlebnis und beginne mit der Lösung: Geh den Weg in die Verbindung. Die Verbindung mit der universellen Energie, dem Licht. Achte dafür auf deine Perspektive. Solange du das Gefühl hast, die Lösung liegt im Außen, hast du keinen Zugriff auf das Quellbewusstsein. Die Perspektive des Getrenntseins hält dich auf der Frequenz von Angst und Verzweiflung gefangen: du agierst aus dem Mangel-Bewusstsein, aus dem Haben-Wollen. Ändere deine Perspektive. Wähle die Haltung: Die Lösung liegt in mir. Geh ins Innen, geh bewusst in die Verbindung mit deinem Seelenlicht, empfange geistige Kraft und Inspiration: Nun kannst du Lösungen kreieren. Das Verbundensein mit der Quelle, diese Einheit, schenkt dir Fülle, Inspiration und wahre Freiheit. Bleib in der Verbindung und lass dich konstant führen.

Die wirkliche Freiheit entsteht im Geist, unabhängig davon, was im Außen ist.

Lebe aus der Haltung der Verbundenheit heraus, der Verbundenheit mit dem Licht, allen Menschen und der Natur. Versuche, mit deinem Wirken einen Mehrwert für andere zu schaffen, für die

Gemeinschaft und die Natur, sage dir: »Ich wirke zum höchsten Wohle aller«. Im Geben kannst du die meiste geistige Kraft empfangen, die meiste Inspiration. Im Geben kannst du viel Altes ablösen und in diesem Moment findet geistiger Aufstieg statt. Mit Geben ist nicht das materielle Geben gemeint, sonst wäre geistige Entwicklung ja nur einem Teil der Menschheit vorenthalten.[13] Nein. Es geht darum, mit unserem Wesen anderen Menschen etwas zu geben – mit unseren einzigartigen Gaben und Talenten, durch unser tägliches Wirken, durch unser Sein. Im Sich-Geben liegt Freiwilligkeit, liegt das gute Wollen. Die gute Absicht zum Fördern und Stärken des Anderen. Das ist Liebe. Indem du Liebe gibst, empfängst du sie auch.

GEBEN
ist das neue Nehmen.

Indem du Liebe gibst, erhältst du etwas von der geistigen Welt zurück: Kraft, Segen, Erkenntnis. Mit jedem echten Geben, im Wirken deiner Gaben und Talente, wird dir klarer, wozu du hier bist. Was dein Weg ist, dein Auftrag. Indem du den geistigen Entwicklungspfad erklimmst, wirst du dir mehr und mehr deiner selbst bewusst. Und das ist der Sinn unseres Lebens. Dazu sind wir hier.

Wir können das. Vielleicht sogar besser, als wir selbst glauben. Während der ersten Corona-Welle haben es viele Menschen bewiesen. Der Lockdown legte unseren Alltag lahm, aber nicht unsere Herzen. Im Gegenteil, für viele war die Krisensituation der Auslöser, ihr wahres Ich zu leben und im Geben aufzublühen. Nachbarschaften schlossen sich zusammen: Einkaufen gehen,

»Ich habe Angst«, sagte der Hase.

»Wovor hast du Angst?«, fragte der Bär.

»Ich weiß es nicht«, antwortete der Hase.

»Ich bin einfach ängstlich.«

»Dann werde ich mich mit dir gemeinsam hinsetzen,

bis du keine Angst mehr hast«, sagte der Bär.

»Wir werden es einfach gemeinsam durchstehen.«

Verfasser unbekannt

Kinder betreuen, für andere kochen, älteren Menschen helfen. Pflegekräfte und medizinisches Personal leisteten über Wochen und Monate Außergewöhnliches. Tausende Freiwillige haben sich für die Gemeinschaft engagiert – einfach mit dem, was sie gut können. Eine Welle der Hilfsbereitschaft und Nächstenliebe entsprang den Herzen vieler Menschen. Sie brachten etwas von sich ein, teilten ihr Talent. Es waren vielleicht kleine Taten, aber große Gesten.

»Der Zweck des Lebens ist das Leben selbst«, schrieb einst Johann Wolfgang von Goethe. Er sah sein Leben als sein Werk, als Geschenk an die Welt. Und ja, schauen wir nicht am Ende auf unser Lebenswerk zurück? Auf das, was wir anderen gegeben haben? Ich liebe die Geschichte von Dan Clark[20] über den Moment, in dem er lernte, was Geben wirklich bedeutet und um wie viel größer es ist als Nehmen:

»Als ich Teenager war, standen mein Vater und ich in der Schlange, um Tickets für den Zirkus zu kaufen. Vor uns stand nur noch eine Familie und diese hat einen großen Eindruck auf mich gemacht. Es waren acht Kinder, alle wahrscheinlich unter zwölf. So, wie sie angezogen waren, konnte man erkennen, dass sie nicht viel Geld hatten, aber ihre Kleidung war ordentlich und sauber. Die Kinder waren gut erzogen, sie standen in der Schlange immer zu zweit hinter ihren Eltern und hielten sich an den Händen. Sie sprachen aufgeregt über Clowns und Tiere und all die besonderen Dinge, die sie in dieser Nacht sehen würden. Ihre Aufregung ließ erkennen, dass sie noch nie im Zirkus waren. Es wäre der Höhepunkt ihres Lebens.

Vater und Mutter standen stolz ganz vorn: Die Mutter hielt die Hand ihres Mannes, schaute zu ihm hinauf, als ob sie sagen würde: ›Du bist mein Ritter in strahlender Rüstung.‹ Er lächelte und genoss, seine Familie glücklich zu sehen. Die Ticketverkäuferin fragte ihn, wie viele Tickets er wolle? Stolz antwortete er: ›Ich möchte acht Kinder-Tickets und zwei Erwachsenen-Tickets kaufen, damit ich meine Familie in den Zirkus führen kann.‹ Die Ticketverkäuferin gab den Preis an. Die Frau des Mannes ließ seine Hand los, senkte ihren Kopf und die Lippen des Mannes begannen zu zittern. Er lehnte sich etwas weiter nach vorn und fragte: ›Wie viel haben Sie gesagt?‹ Die Ticketverkäuferin gab erneut den Preis an. Der Mann hatte nicht genug Geld. Wie sollte er sich jetzt umdrehen und seinen acht Kindern sagen, dass er nicht genug Geld hatte, um mit ihnen in den Zirkus zu gehen? Als ich sah, was los war, griff mein Vater in seine Tasche, zog einen Zwanzig-Dollar-Schein heraus und ließ ihn auf den Boden fallen. (Wir waren in keinem Sinne des Wortes reich!) Mein Vater beugte sich nieder, nahm den Zwanzig-Dollar-Schein auf und sagte: ›Entschuldigung Sir, das ist Ihnen aus der Tasche gefallen.‹ Der Mann verstand, was los war. Er bettelte nicht um Almosen, aber er schätzte die Hilfe in einer herzzerreißenden, peinlichen Situation. Er schaute meinem Vater direkt in die Augen, nahm die Hand meines Vaters in seine und drückte sie fest. ›Danke Sir, vielen, vielen Dank. Das bedeutet mir und meiner Familie wirklich viel.‹

Mein Vater und ich gingen zurück zu unserem Auto und fuhren nach Hause. Die zwanzig Dollar, die mein Vater verschenkt hatte, fehlten für unsere Tickets. Doch obwohl wir den Zirkus in dieser Nacht nicht gesehen haben, fühlten wir beide eine überwältigende Freude in uns, eine Freude, die viel größer war, als sie der Zirkus jemals hätte bieten können. An diesem Tag habe ich gelernt, was der Wert des Gebens ist. Geben ist viel größer als Empfangen. Wenn du groß sein willst, größer als das Leben, dann lerne, zu geben.«

Lass dein Licht scheinen

Wenn du das Eine, was du liebst, noch nicht gefunden hast, such weiter. Wenn du das Eine, was du liebst, gefunden hast, dann gib alles dafür. Spiel nicht nur mit dem Gedanken, es zu tun, investiere dich ganz. Denk nicht nur halbherzig darüber nach, geh all-in, sei verbindlich. Tu nicht nur so als ob, spiel nicht Pingpong damit in deinem Kopf, sondern setze all deine Kraft daran, den ersten Schritt zu gehen. Alles beginnt mit einer bewussten Entscheidung – ihr folgt die Energie, ihr folgen Entschlossenheit und Verbindlichkeit. Es kann sein, dass du in Bezug auf deine Eigenmacht eine alte Überzeugung in dir trägst, die dich davon abhält, in deine volle Kraft zu kommen. Die die Ursache dafür ist, dass du dich nicht traust oder immer wieder abbrichst. Für deinen Erfolg ist es ganz entscheidend, deine Überzeugungen zum Thema Macht zu hinterfragen: Welche Leitsätze, welche Sprüche oder Bewertungen deiner Bezugspersonen fallen dir ein, wenn du daran denkst, machtvoll deinen Weg zu gehen? Was wurde in deiner Familie gesagt, wenn es um deine Selbstverwirklichung, deinen Weg, deine Talente ging? Notiere es. Und dann prüfe dein Selbstbild. Frage dich:

» Wie sehe ich mich selbst?
» Sehe ich mich kraftvoll?
» Sehe ich mich machtvoll?
» Sehe ich mich erschaffend?
» Sehe ich mich als Schöpferin oder Schöpfer meiner Realität?

Alles beginnt mit deinem Selbstbild und damit, dass du dich selbst als macht- und kraftvoll siehst. Manchmal liegt auch ein kollektives Paradigma dahinter, dass wir nicht in unsere Kraft kommen. Ein kollektives weibliches Denkmuster ist, immer sozial, verständnisvoll und einfühlsam sein zu müssen, um geliebt zu werden. Es wurde uns als kleinen Mädchen so eingeimpft und von uns erwartet. Sehr oft ist daraus der Glaubenssatz entstanden: »Entweder bin ich liebevoll und einfühlsam *oder* macht- und kraftvoll«. Viele von uns haben daher unbewusst die Überzeu-

Löse alles in dir, was stockt – sei fließend.

gung, dass nur eins von beiden möglich ist, und können so nicht in ihre volle Kraft kommen.

Spüre hin: Ist »Macht« bei dir negativ besetzt? Hast du ein schlechtes Gewissen, sobald du deine Bedürfnisse durchsetzt? Sobald du für dich einstehst? Hast du das ungute Gefühl, nicht verständnisvoll genug mit anderen zu sein, sobald du Grenzen ziehst? Sobald du zu etwas nein sagst? Kein Wunder, denn dieser Glaubenssatz als Filter für dein Handeln kann nur zu innerer Zerrissenheit führen, sobald du dich abgrenzt und für dich selbst sorgst. Identifiziere deine alte Überzeugung. Indem du sie benennst, kann sie sich wandeln. Hole die alte Überzeugung ans Licht und schaue mit den Augen der Liebe drauf: ohne zu werten. Es ist, wie es ist – nun kreierst du neu. Was du über dich selbst denkst, sendest du automatisch aus. Dein Energiefeld kann nicht lügen – Energie ist lauter als das gesagte Wort. Frage dich:

» Wo habe ich mich von meiner Eigenmacht abgeschnitten und aus welchen Gründen?
» Wie sehr erlaube ich mir, in meiner Kraft zu sein in meinem Wirken?
» Wie sehr erlaube ich mir, meine Möglichkeiten zu entfalten?

Prüfe, welche Leitsätze oder Verallgemeinerungen du nutzt, wenn es um Macht geht. Vielleicht hast du Macht so erlebt, dass du manipuliert oder benutzt wurdest, und dadurch hast du eine

Ablehnung gegen Macht. Vielleicht hast du dich entschieden, »so will ich nie sein«, und hast dich aus diesem Grund abgekoppelt von deiner Macht. Mach dir klar, dass du nicht so sein musst, wenn du machtvoll bist – du kannst Macht ganz anders leben.

Komm in deine weibliche Kraft: Übung 21

Hol dir deine Macht zurück!

Identifiziere die Situationen, in denen du Macht negativ erlebt hast. Sage dir, »es hat mir nicht gutgetan, so möchte ich nicht sein«, und dann lass dieses Erlebnis los. Vergib den Menschen, die Erzeuger deines Glaubenssatzes waren, einem nach dem anderen. Vergebung ist der Schlüssel zum Loslassen. Und dann sag dir bewusst: »Ich hole mir meine Macht zurück!« Frage dich:

» Was ist mir dienlich? Was hilft mir?
» Was ist jetzt die größte Möglichkeit, die ich wählen kann?
» Was eröffnet mir den größtmöglichen Spielraum?
» Wer oder was kann mich dabei unterstützen?

Denk immer daran: Der Punkt deiner schlimmsten Angst, deines heftigsten Widerstands oder tiefsten Schmerzes, ist der Punkt deiner größten Transformation. Hier liegt die größte Möglichkeit für dein Wachstum. Sage dir:

Ich nehme meine Macht an. Ich ermächtige mich selbst.

Setz dir große, lebendige Ziele. Sage dir: »Ich will alles investieren, um Ziel XY zu erreichen«. Achte darauf, dass dein Handeln fördernd ist und einen Beitrag für das große Ganze leistet. Einfach nur ein arbeitsreiches Leben zu haben, nützt dir genauso wenig wie ein behagliches Leben oder ein Leben, das dem Ansammeln von Besitz gewidmet ist. Auch die Einbildung, dass das Ziel eines anderen dir selbst nützt, ist eine Illusion: Dich darin zu sonnen, in der dritten Unternehmergeneration zu sein, bringt dir nichts. Du bist nicht beteiligt an den Errungenschaften deines Vaters oder Großvaters. Du hast auch keinen Anteil an den Taten deiner Partnerin oder deines Partners. Es zahlt nicht auf dein Konto ein, denn jeder hat seinen eigenen geistigen Weg zu gehen. Es zählt auch nur das, was du wirklich tust. Nicht das, wovon du schwärmst, oder das, was du eigentlich immer Großes tun wolltest. Es zählt nur das Jetzt, um dich auf deiner Schwingungsebene zu halten und nicht herabzusinken. Es zählt nur das Jetzt, um eine Stufe höher zu steigen. Setz dir eigene Ziele.

Komm in deine weibliche Kraft: Übung 22

Setze dir lebendige Ziele!

Kreiere dir Ziele, die deinen Geist bewegen, und beginne damit, sie zu verwirklichen. Frage dich:

- Welchen Nutzen kann ich anderen bieten? Was kann ich für andere tun? Wie kann ich anderen Menschen, der Umwelt und Natur helfen? Welchen Mehrwert kann ich erzeugen?
- Was kann ich künftig unterlassen, was bisher der Natur, der Umwelt oder anderen Menschen geschadet hat?
- Was möchte ich der Welt, den Menschen als Vermächtnis hinterlassen? Woran sollen sie sich erinnern, wenn sie an mich zurückdenken?
- Wozu bin ich hier? Was ist der Zweck meines Daseins? Was ist meine Vision? Wo will ich in drei Jahren stehen, was will ich erreicht haben?

Mach aus deinen Ideen und Impulsen konkrete, realistische und verbindliche Ziele, schreib sie dir auf, sprich sie dir auf dein Handy, terminiere sie. Es ist wichtig, dass du nicht stehenbleibst oder einen Schritt zurückgehst, sondern dass du trotz der Angst, trotz der schwierigen Umstände oder der Menschen, die dich zurückhalten wollen, handelst. Dein Handeln ist das Signal ans Universum, dass du entschlossen bist. Sobald du im guten Wollen startest, wird das Universum dir helfen. Frage dich: Was ist der sinnvollste nächste Schritt? Lass dich von deinen Zielen in deine neue Realität ziehen. Fühle deinen Mut und starte! In dem Moment, in dem du dich zu dir bekennst, dich positionierst, werden andere dich sehen und dein Angebot wahrnehmen. Packe jede Gelegenheit beim Schopfe, um dein Talent zu leben. Mach dein Talent zu deinem Projekt. Wenn du aus deinem Talent heraus wirkst und ganz in deiner eigenen Kraft bist – bist du in der Liebe und Liebe ist die allerhöchste, die machtvollste Energie. Liebe ist Quellbewusstsein. Du bist vollkommen geschützt.

Was wäre, wenn du durch *dein* Strahlen, durch *deine* Größe, durch *dein* Wirken viele andere Menschen inspirierst – wenn *du* der Auslöser bist, dass sie ihre Gaben leben?

Dreieinhalb Prozent für den wundersamen Sieg

Die Harvard-Politologin Erica Chenoweth wollte wissen, was die klügste Strategie ist, um einen gesellschaftlichen Wandel zu erwirken. Braucht es dafür, dass man alle mobilisiert? Müssen für einen Sieg des Neuen erst alle dahinterstehen? Braucht es eine Revolution, eine feindliche Übernahme – des Parlaments, des Sitzes der Macht – oder wie schafft man es, dass das Alte endet und das Neue beginnt? Gemeinsam mit Maria Stephan, einer Forscherin am International Center of Nonviolent Conflict (ICNC), analysierte sie eine große Anzahl von Kampagnen der letzten hundert Jahre,[21] um herauszufinden, wie viel Prozent der Bevölkerung es braucht, damit eine Protestbewegung erfolgreich ist, und wie effektiv Gewalt und Gewaltlosigkeit als Strategie für Bürgerproteste sind. Ihr Fazit ist eine wirklich gute Nachricht:

1. Gewaltlose Kampagnen waren doppelt so erfolgreich.
2. Es braucht nur *dreieinhalb Prozent der Landesbevölkerung*, damit ziviler Protest erfolgreich ist.

In Deutschland wären das knapp drei Millionen Menschen.

Menschen, die neues Verhalten in ihren Familien, Vereinen, Institutionen und Unternehmen vorleben und alte Verhaltensweisen verweigern.

Menschen, die sich für neue Gesetze, Regeln und Leitbilder engagieren und diese in ihren Institutionen und Unternehmen transformieren.

Menschen, die Petitionen auf den Weg bringen, um auf Missstände aufmerksam zu machen.

Menschen, die ein wahrhaftiges Miteinander zwischen Mann und Frau leben.

Menschen, die wieder in Verbundenheit mit der Natur leben, sie ehren und schützen.

Menschen, die sich gegenseitig stärken und unterstützen, den Wandel, den wir uns alle wünschen, in sich selbst herbeizuführen.

Menschen, die bereit sind, ihre Komfortzone zu verlassen, um in ihre wahre Größe zu kommen und ihren Beitrag für das große Ganze zu leisten.

Menschen, die Freundlichkeit, Mitgefühl und Liebe praktizieren.

Menschen, die das Licht halten.

Und so frage ich dich: Bist du dabei?

Anmerkungen

[1] Daniela Hutter: Das YIN-Prinzip. Entdecke deine weibliche Essenz. Goldmann Verlag, 2016, www.danielahutter.com, abgerufen am 11. Dezember 2020.

[2] Edgar S. Hasse: Aus dem Knast nach Hamburg. Beichte eines Topmanagers. In: Hamburger Abendblatt, 19. Januar 2019.

[3] Martin Mehringer: Deutschlands härteste Managerin. In: manager magazin, 23. Mai 2019.

[4] Joel Wille: Als Chefs sind Frauen offenbar fieser als Männer. In: Welt.de vom 15. Oktober 2017, abgerufen am 28. November 2020.

[5] Arianna Huffington: Die Neuerfindung des Erfolgs. Weisheit, Staunen, Großzügigkeit – Was uns wirklich weiterbringt. Riemann Verlag, 2014.

[6] Jürgen Salz: Sie kann ein Team durch ein tiefes Tal führen. In: Wirtschaftswoche, 10. April 2019.

[7] Sven Prange: Wie der kulturelle Wandel im Mittelstand gelingt. In: Wirtschaftswoche, 13. Oktober 2018.

[8] Harald Stutte: Weibliche Führung während Corona gilt für US-Medien als Vorbild. In: www.rnd.de, 16. April 2020, abgerufen am 11. Dezember 2020.

[9] Mirona Kraljic: Neue Studie belegt Zusammenhang zwischen Diversität und Geschäftserfolg. https://www.mckinsey.com/de/news/presse/neue-studie-belegt-zusammenhang-zwischen-diversitat-und-geschaftserfolg#, abgerufen am 19. November 2020.

[10] Inga Michler: Der Frauen-Effekt sorgt für signifikant bessere Ergebnisse. In: Welt, 13. Oktober 2018.

[11] Wikipedia, https://de.wikipedia.org/wiki/Hedonismus, abgerufen am 19. November 2020.

[12] Jens Berger: Der Philosoph der maximalen Lust. https://www.br.de/radio/bayern2/sendungen/radiowissen/ethik-und-philosophie/epikur-grieche-hedonismus-100.html, 6. Mai 2014, abgerufen am 19. November 2020.

[13] Abd-ru-shin: Im Lichte der Wahrheit. Gralsbotschaft. Band I–III, Verlag Alexander Bernhardt, www.alexander-bernhardt.com.

[14] Michael Ende: Momo. 19. Edition, Thienemann Verlag, Stuttgart.

[15] Justyna Rudnicka: Bevölkerung – Einwohnerzahl in Deutschland nach Geschlecht von 1990 bis 2019. https://de.statista.com/statistik/daten/studie/161868/umfrage/entwicklung-der-gesamtbevoelkerung-nach-geschlecht-seit-1995, abgerufen am 19. November 2020.

[16] Thorsten Riecke: Weltwirtschaftsforum warnt: Klimarisiken sind die größte Gefahr für die Erde. In: Handelsblatt, 15. Januar 2020.

[17] Sven Afhüppe, Hans-Jürgen Jakobsund die Handelsblatt-Redaktion: Handelsblatt Morning Briefing, Podcast, 5. April 2020.

[18] Bernhard Weidenbach: Fernsehkonsum. Tägliche Sehdauer der Deutschen in Minuten nach Altersgruppen. https://de.statista.com/statistik/daten/studie/2913/umfrage/fernsehkonsum-der-deutschen-in-minuten-nach-altersgruppen/#professional, abgerufen am 28. November 2020.

[19]Jochen Schweizer: https://www.jochen-schweizer.de/geschenk/Stuntman-Erlebnisse,default,pd.html, abgerufen am 28. November 2020.

[20] Jack Canfield »Second Helping of Chicken Soup for the Soul: 101 More Stories to Open the Heart and Rekindle the Spirit«, Health Communications, 1995, https://www.chickensoup.com/book-story/35122/the-circus, abgerufen 12. Dezember 2020.

[21] Michaela Haas: https://sz-magazin.sueddeutsche.de/die-loesung-fuer-alles/gene-sharp-protest-ziviler-ungehorsam-88891, 12. Juni 2020, abgerufen am 20. November 2020.

Danksagung

Ich danke Frank Jerusalem für sein Mentoring auf geistiger Ebene und dafür, dass er für eine präzise Wortwahl Sorge getragen hat.

Ich danke Christine Jöricke für ihre lebendigen Beispiele und wertvollen Rückmeldungen beim Redigieren.

Ich danke Rolf Bärwinkel dafür, dass er mir die Brücke zum Licht war.

Ich danke meinem Vater Jürgen (1949–2018) dafür, dass er mich Liebe und Hingabe zur Natur gelehrt hat. Er brachte mir bei, im Rhythmus der Jahreszeiten zu leben. Er zeigte mir, wie man Gemüse anbaut, und lehrte mich, das Meer, das Feuer und alle Elemente zu lieben. Danke, Papa.

Ich danke meinem Partner Thomas dafür, dass er mir den Raum gegeben hat, dieses Buch auf die Welt zu bringen. Ich danke dir von Herzen.

Ich danke allen Ärztinnen und Ärzten und dem medizinischem Personal der Stroke Unit vom Krankenhaus der Barmherzigen Brüder Trier.

Ich danke Dr. med. Gunter Petry, Institut für Informationsmedizin, Sankt Wendel.

Ich danke Prof. Dr. Dieter Müller, Villavita Köln.

Ich danke allen Frauen, die mich inspiriert und unterstützt haben:

Moksha Devi | www.mokshadevi.rocks

Stephanie Tara König | www.magetik.com

Heidi Brunner | www.jahreskreis.at

Andrea Lindau | www.homodea.com

Daniela Hutter | www.danielahutter.com

Bianca Eckhardt | Emotion Code Coach

Stefanie Jerusalem | www.stefanie-jerusalem.de

Über die Autorin

»Be the change you want to see in the world.«

Mahatma Gandhi

So lautet das Motto von Ines und das lebt sie. Nicht nur privat, sondern auch beruflich: sie unterstützt leidenschaftlich Menschen bei ihrer Entwicklung. Ines begleitet als Coach seit vielen Jahren Menschen dabei, ihre Stärken zu finden und ihr volles Potenzial zu entfalten. Sie befähigt Führungskräfte zu einem Miteinander auf Augenhöhe mit ihren Mitarbeitern und zu einer Transformation ihrer Unternehmenskultur – hin zu echter Zusammenarbeit und ganzheitlichem Erfolg. Als Beraterin für Changemanagement unterstützt sie Teams dabei, Veränderungsprozesse erfolgreich zu initiieren und umzusetzen. Ines ist Expertin für moderne Führung und Persönlichkeitsentwicklung.

Gemeinsam mit ihrem Partner Thomas Pütter betreibt sie eine Agentur für Unternehmensentwicklung, hat mehrere Bücher veröffentlicht und veranstaltet jährlich eine Ausbildung für Führungskräfte zum Business & Change Coach. Ines ist Mutter von drei Kindern, liebt Yoga, ihren Garten und die Natur. Ihren Urlaub verbringt sie am liebsten am Meer mit Strandspaziergängen.

Mehr Infos unter: **www.denk-neu.com**

Ines Eulzer, Thomas Pütter
Klare Kante
Mitarbeiter mutig und auf Augenhöhe führen
1. Auflage 2020

240 Seiten; 19,95 Euro
ISBN 978-3-86980-460-6; Art.-Nr.: 1077

Nehmt eure Mitarbeiter mit!

Ines Eulzer und Thomas Pütter machen Mut, neue Wege in der Führung zu gehen: weg von Alphatier, totaler Kontrolle und autoritärer Ansage. Hin zum Gestalter von echter Zusammenarbeit, zum Motor von Veränderung und moderner Führung, die Mitarbeiter inspiriert.

Klare Kante statt verarmter Führung: Aus Angst, keine Leute mehr zu finden, agieren immer mehr Führungskräfte nach dem Motto: »Bloß nicht anecken«. Sie verstecken sich hinter Pseudo-Regeln, geben nur noch Softie-Feedback und bleiben so vage und unverbindlich wie möglich. Die Folge? Führung verarmt und wird zur Fassade.

Echte Führung statt Aussitzen: Das andere Extrem sind Führungskräfte, die den Wandel zu Arbeitswelt 4.0 und Digitalisierung ignorieren und weitermachen wie bisher. Sie halten an starren Hierarchien fest, handeln egogetrieben oder sind mit Machtspielen beschäftigt, anstatt ihre Unternehmen zukunftsfähig aufzustellen.

Eulzer und Pütter gelten als Vorreiter für Führung 4.0 und sind Experten für Changemanagement. Ihre Hacks inspirieren zu einem neuen Führungsmindset und rütteln dazu auf, Unternehmenskultur und -strukturen zu transformieren. Hin zu New Work, Agilität und Führung auf Augenhöhe!

Stefanie Puckett
Der Code agiler Organisationen
Das Playbook für den Wandel zur agilen Organisationskultur
1. Auflage 2020

252 Seiten; 29,95 Euro
ISBN 978-3-86980-482-8; Art.-Nr.: 1081

Die Unternehmenskultur ist die größte Herausforderung und größter Stellhebel zugleich, wenn es darum geht, eine agile Organisation zu formen.

Wie aber lässt sich das Konzept Organisationskultur auf handlungsrelevanter Ebene greifbar machen? Was macht eine agile Kultur aus? Was sind ihre Elemente? Wie formt und entwickelt sich diese Kultur? Wo sind die Ansatzpunkte und wo liegen Fallstricke? Was funktioniert in der Praxis wirklich?

Pucketts Buch liefert Antworten auf diese Fragen und zeigt, wie sich die Unternehmenskultur gestalten und formen lässt. Dabei taucht es in die Organisationspsychologie ein und übersetzt die Erkenntnisse in praktische Handlungsempfehlungen. Auf Basis von Analysen agiler Organisationen und solcher in Transformation, wird der Code agiler Unternehmenskultur entschlüsselt. Die Kernelemente agiler Organisationskulturen werden definiert und anhand von Beispielen anschaulich beschrieben. Das Buch ist gefüllt mit Kultur-Hacks, praxiserprobten Tipps, Werkzeugen und Methoden.

Puckett gelingt ein völlig neuer Blick auf den Begriff Organisationskultur. Denn es liegt in unseren Händen, die Kultur zu formen: Als Einzelne, als Team, als Führungskraft. Wir sind Unternehmenskultur!

Dieses Playbook lädt zum Experimentieren und Gestalten ein und zeigt anschaulich, wie Organisationen der agile Wandel gelingt.

www.BusinessVillage.de